日本代表を撮り続けてきた男

サッカーカメラマン 六川則夫

「長く日本のサッカーシーンを追ってきて、『カズダンス』を目の前で撮れたのは2017年の3月、つまり今年になってからだった。三ツ沢は構造上、余分なスペースがなく、カズがダンスを披露できるポジションは限られてくる。そこが狙いめだった」（六川）

YOKOHAMA

VIVA! CARIOCA

Jリーグ元年、立錐の余地なく埋まった国立のスタンド。日本サッカーの未来に、大いなる希望が感じられる光景だった

adidas
ASIA CHAMPION
JFA
JAPAN

本田圭佑。2011年アジアカップ優勝後。サポーターへの優しいまなざし

LIFEVAL
41
TOKYO GAS
35

久保建英(FC 東京)。ルヴァンカップのコンサドーレ札幌戦でトップチームデビュー

TOSHIBA
EPSON

香川真司。2011年アジアカップ準々決勝カタール戦での先制ゴール

25
YFM

中村俊輔（横浜F・マリノス）。2013年3月、湘南ベルマーレ戦でJリーグでは14点目となるFKでのゴールを決めた

adidas
JFA
JAPAN
15
8

大迫勇也。ロシア・ワールドカップ・アジア最終予選のUAE戦

中田英寿。2006 年ドイツ W 杯・グループステージ最終戦のブラジル戦後。現役最後の試合となった

まえがき

1964年、東京オリンピック。国立競技場で、サッカーの決勝ハンガリー対チェコスロバキア戦を観戦した。初めての「ライブ」だった。

翌年、実業団による全国リーグ「日本サッカーリーグ」が発足した。東京生まれの僕にも、サッカーが身近に感じられるようになった。

1968年、メキシコ五輪で日本は銅メダルを獲得した。これ機に、多くの人々が競技場に足を運ぶようになった。しかし盛況だったのは最初の年だけで、その後はスタンドに閑古鳥が鳴いていた。それに合わせるように、70年代、80年代の日本代表も低迷が続いた。

そんな冬の時代を経て、90年代、日本サッカーにプロリーグが誕生する。長年、日本のサッカーをスタンドやピッチで見続けてきた人間としては、正直、これが成功するのか疑問だった。

ところが、そんな不安は杞憂に帰し、Jリーグは空前の大ブレイク！　64年に本物のサッカーを見てから、それと日本のサッカーを比較しては、プロリーグなんて絶対に無理と思っていたのだが…。

98年には、日本のワールドカップ出場が現実になった。アジアの厚い壁にいとも簡単にはね返され続け、プロ化し、大陸王者となって臨んだ94年アメリカW杯予選でも、「ドーハの悲劇」で悪夢を味わった結果、自分が生きているうちは実現しないかも、と思っていた悲願が成就した。

さらに、2002年には日本にW杯がやって来た。韓国との共催という形ではあったものの、またひとつ夢が叶った。

絶対にありえないと思っていたことが起きて、夢のような光景が目の前に次々に広がっていった。もうこれ以上は何も望むべくもない——。

いや、ならば次はW杯優勝だ！　しかし、さすがこれは無理だろう…。ところが2011年、女子が世界チャンピオンに輝いた。日本が未曽有の大災害に見舞われたこの年、日本サッカーが見せた底力に驚き、大いに感動した。

そして2020年、再び東京で五輪が開催される。世界のトップアスリートたちが東京を舞台に、しのぎを削る。

ここで最後（?）の夢。日本サッカー初の金メダルは実現するか――。

それとともに期待しているのは、僕がかつて東京五輪でサッカーに出会ったように、多くの若者たちが、自分の生き方の指針となる「何か」と、東京で出会うということだ。

その「何か」に乾杯！

六川則夫

ねがいごと
諸願成就
諸願成就

第１章　ヒーローたちの肖像

第２章　ファインダー越しに見つめ続けた日本代表と日本サッカーの歩み

巻末企画

第１章　ヒーローたちの肖像

本田 圭佑　KEISUKE HONDA
未来を見つめる眼

まっすぐ前を見つめている。

本田圭佑をファインダー越しに見るたび、いつもそう感じる。いま、対戦相手と向き合っている最中でも、なぜか、「彼はその先を見ている」と感じるのだ。

本田は、決してそのときの感情で自分を失うことがないし、相手を傷つけることもない。日本代表を2度にわたって率いた岡田武史の言葉を借りれば、本田はピッチでも、その外でも「冷静にファイト」している。現役生活と並行しながら、精力的に行っているサッカー事業も、その姿勢の延長線上にあるのではないだろうか。

いま、本田が見ているものは一体何なのか。どこに行こうとしているのか。あくまでも、サッカー選手という生き方に真摯であろうとする男の瞳は、星稜高校のときと変わらず、一点の曇りもなく輝いている。

レフティといえば、日本では伝統的に、力強さよりもプレースタイルやキックに優雅さを感じさせる選手のほうが印象は強い。名波浩、岩本輝雄、中村俊輔、久保建英と連なる左利きの系譜において、パワー系のレフティである久保竜彦と本田は、かなり異質である。いや、少数派と言ったほうがいいかもしれない。

ミランでは出場機会に恵まれなかったが、日本代表ではいまなお、出場の有無にかかわらず、チーム内外で存在感を見せている。「本田不要論」の存在こそ、逆説的にその証である。

考えてみれば、オランダのＶＶＶフェンロを2部から1部に押し上げ、その実績を持って移籍したロシアのＣＳＫＡモスクワでは、リーグ優勝の原動力になったが、それ以降、年齢的には絶頂期にありながらも、期待されたほどの結果を残したとは言いがたい。怪我や病気の影響もあっただろうが、自ら選択したキャリアは、おそらくは思い描いた理想とは違ったものになっているのではないだろうか。7月にメキシコのパチューカへ移籍したが、再びトップ下で輝きを放てるか？　本田の未来は、日本の未来とつながっている。

2005年のU-20日本代表にて。ガンバ大阪ジュニアユース時代からの仲である家長昭博（現・川崎フロンターレ）との並びは感慨深いものがある

JFA
adidas
JAPAN
20

久保 建英　TAKEFUSA KUBO
大いなる眼力

10代半ばにして、すでに久保建英には、カメラマンを惹きつけてやまない眼力（めぢから）がある。

それは、10歳にしてバルセロナの下部組織のチームに加入し、ワールドスタンダードのトップに身を置いてきたことで、自然と身につけた、世界と自分を推し量る物差しのようなものかもしれない。

彼は、プレー中のみならず、メディア対応のときも含めて、常に周囲を見ている。本田圭佑との違いは、久保の場合、「いま向かい合っている現実、見えている世界」こそが、戦いの場であるというリアリスティックな視線である。それは、育成年代における年齢別のカテゴリーには収まり切らない、稀有な者だけにしか見えてこない光景なのだろう。

かつて、飛び級でU－20日本代表に選ばれた18歳の本田は、カタール国際大会で、自己主張の少ない代表チームを見て、「自分がこのチームを変えてみせる」と豪語したが、カタールでも、オランダで行われたワールドユースでも、それは叶わなかった。このあたりが、彼が「ビッグマウス」と呼ばれるようになったゆえんなのだが、その意気や良し、であった。

一方、久保は、プレーとその眼力で雄弁に語る。韓国で行われたU－20W杯では、短い出場時間ながら、予想に違わぬプレーを見せてくれた。

何よりも驚いたのは、「久保効果」とも呼ぶべき、チームに対しての有形無形の影響力だ。小川航基、堂安律を筆頭に、メンバーは明らかに「そこにいる久保建英」の存在に影響を受けていた。自身のプレーがもたらす以上のものを、15歳（当時）の少年はこのチームに与えていた。

現在、久保はFC東京のアンダーカテゴリーでプレーしているが、その目は輝いているように見えない。チームとの共振、共鳴が感じられないのだ。より高いレベル、厳しい環境に身を置いてこそ、本来あるべき自分と対峙できる。

近々、トップチームに登録されるという噂もあるが、さあどうする？

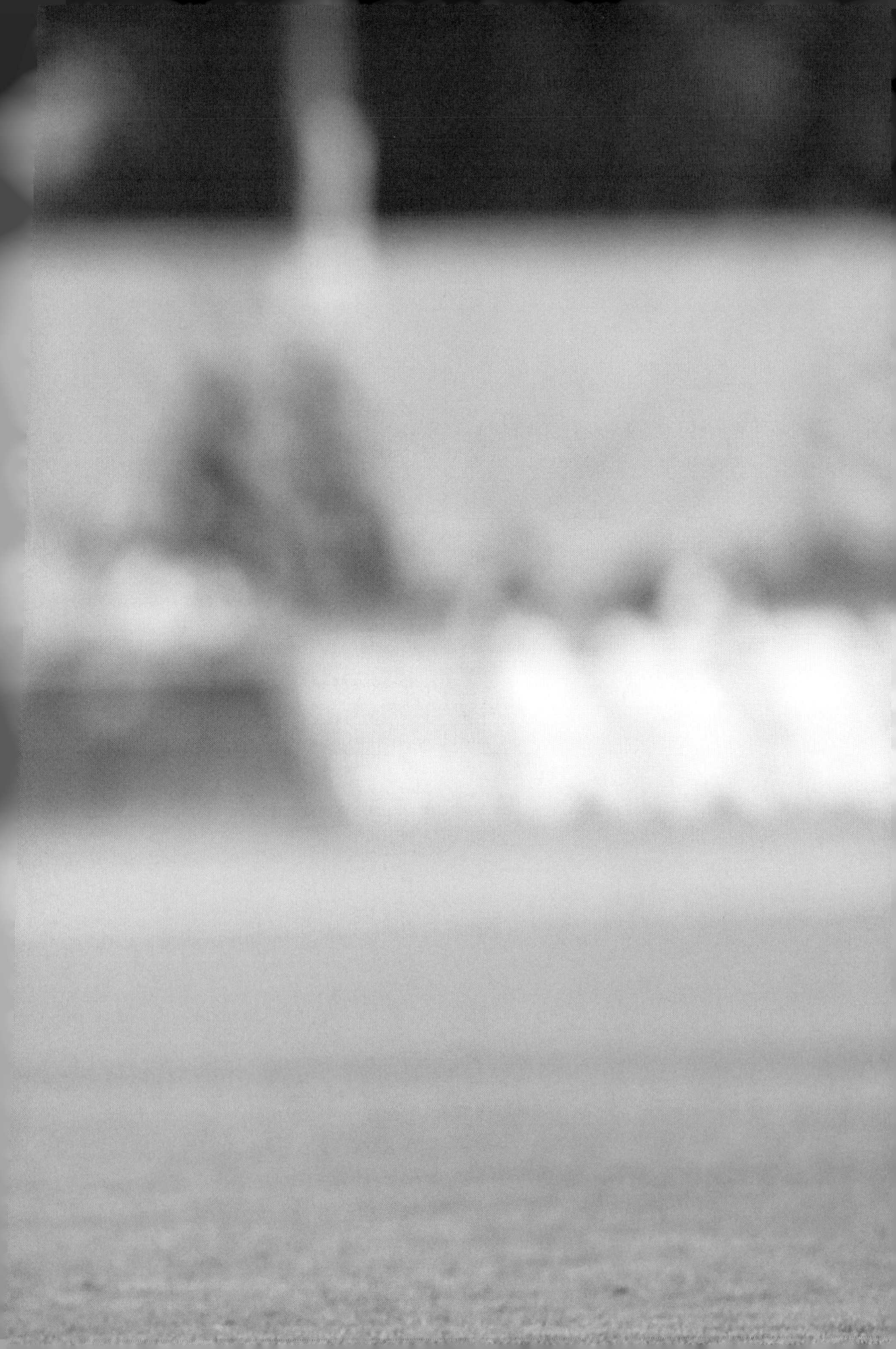

umbro
MITSUI&CO.
41
28

Kagawa
26
11

香川 真司 SHINJI KAGAWA
最高レベルで最高の選手と通じ合った「国際仕様」

香川真司の最大の魅力は、変幻自在な細かいステップとターンにある。

フィジカルで欧米の選手に劣る日本人が、ワールドスタンダードを超えるために持つべきストロングポイント——それを、身をもって示したのが香川と言えよう。まさに「国際仕様」の選手である。ドルトムントでは、それを十二分に生かし、ブンデスリーガ、欧州カップという大舞台で、攻撃のキーマンとして持ち味を発揮している。

しかし、リオネル・メッシ（バルセロナ）とは違い、個人での打開力に欠けるぶん、チームの戦い方に左右されてしまう側面があるのは否めない。事実、デイビッド・モイーズ監督時代のマンチェスター・ユナイテッドでは、そのプレースタイルはチームにフィットしなかった。

苦しい時期を過ごしていた最中の２０１３年11月27日。チャンピオンズ・リーグ、グループステージのレバークーゼン戦で、ハーフタイムを終えてピッチに再び登場した香川は、ユナイテッドのシンボルでもあるライアン・ギグスと、固い握手を交わした。時に、香川24歳、ギグス39歳。尊重し信頼し合うチームメイト同士の２人に、年齢の壁などなかった。

そしてこの試合で、香川は速攻の起点となるスルーパスを通してゴールを生み出すなど、５対０の大勝と首位での決勝トーナメント進出に大きな貢献を果たしたのだった。

それから３年後、香川はドルトムントに戻ってきた。赤より、黄色と黒が織りなすユニフォームに躍動感を感じるのは、彼がかつてこのチームで十分な存在感を示したからだろう。得意のステップワークを織り交ぜて、味方を活かしながら、自分も生きる香川のスタイルは、しかし古巣でもまだ暗中模索の状態だ。

メンバーを次々に変えてチームを混乱させたトーマス・トゥヘルからペーター・ボシュへ監督が交代した16-17シーズン、香川はいかなる進化を見せるのか。彼はドルトムントのみならず、日本代表の生命線でもある。

26
LG
27

CLのレバークーゼン戦。偉大な先輩との共闘で良さを発揮した。後方には現在のドルトムントのチームメイト、ゴンサロ・カストロ(27番)

JFA
adidas
8
FIFA

原口 元気　GENKI HARAGUCHI

ハードワークもいいけど…ゴールこそが“元気”の証

原口元気を初めて見たのは、彼が小学校6年生のときだった。フットサルの全国少年大会「バーモントカップ」に埼玉代表として出場し、チームを優勝に導いた。

少年の大会では、トップに成長過程の早い子を置いて、フィジカルで押しまくるパターンが「勝利の方程式」になっているが、当時の原口は体型から見れば、ごく普通の小学生だった。しかし、プレーの平均値、走る、蹴る、止める、どれも素晴らしく、小学生にしてすでに、完成形の雰囲気を持っていた。

大会を通して何試合か彼を撮影したが、シュートレンジに入るとき、必ずGKの体勢や位置を見て、蹴るコースやボールの強度を決めていた。フットサルは間近で撮影できるぶん、選手の心理もリアルに伝わってくる。一番冷静になれない局面で、小学6年生の原口は、常に冷静でしたたかだった。この年代で、一芸に秀でた神童と呼ばれる選手を数多く見てきたが、原口が際立っていたのは、何よりもその決定力にあった。末恐るべし、いや、期待すべき逸材！それが彼と出会ったときの印象だった。

浦和レッズで下部組織からトップチームに上がり、名実ともにレッズの顔となって、ドイツに渡った。より厳しい環境で、これまで以上に攻守にハードワークをするようになったが、そのぶん、ゴールから遠ざかってしまった。

チーム事情や、サイドアタッカーというポジションも影響をしているだろう。しかしそれでも、ゴールという結果を、原口は出し続けなければならない。前線でプレーする日本人選手に求められるのは、ゴールか、それに直結するプレーだからだ。彼にはその資質が、十分すぎるほど備わっている。プレーの幅を広げるトレーニングにも積極的にチャレンジしているようだが、本来、彼が持っている「枠を捉える」感覚を取り戻すには、逆に自分を追い込まないということも、選択肢に入れても良いのではないか。

僕にとって、点を取らない原口は、ちっとも〝元気〟ではない。

原口、小学６年生のとき

AFC.

大迫 勇也 YUYA OSAKO
本場の日本人観を変えた「和のストライカー」

大迫勇也や岡崎慎司のプレーを見ていると、環境が選手を劇的に進化させるということを、改めて教えられる。岡崎はレスターでジェイミー・ヴァーディーのシャドーストライカーのような位置づけだが、1FCケルンでの大迫の場合、アントニー・モデストの存在感が大きかったとはいえ、堂々たる2トップを張ってきたのだ。そして17-18シーズンからはジョン・コルドバとコンビを組む。

いま、大迫がブンデスリーガで見せていることは、高校サッカー選手権で最多得点記録を樹立した鹿児島城西高時代、そして鹿島アントラーズ時代のそれと、大きな変化はない。ポストプレー、裏への飛び出し、シュートレンジの広さで相手GKを脅かす——。彼の凄さは、世界のトップレベルにあるブンデスリーガでも、それをこともなげにこなしていることだろう。

日本人の場合、欧州に出ると、攻撃的なポジションの選手はどうしても、サイドアタッカーという役割を担うことが多い。海外移籍の先駆者たち、中田英寿、中村俊輔、本田圭と、日本では不動のトップ下として君臨してきた選手たちも、例外ではなかった。いつしか中央から押し出され、まさに「サイド」アタッカーという役割を強要されてきたのである。

しかし、大迫はそういった欧州の「日本人観」に、楔を打ち込んだと言えよう。1860ミュンヘン、ケルンと、クラブを渡り歩きながら、センターで結果を残している彼こそ、まさに正真正銘の「和のストライカー」である。

日本代表の生命線でもある、センタートップのストライカーは、釜本邦茂以降、後を継ぐ者が久しく出てきていない。せいぜい、アジアの大砲レベルである——高木琢也を貶めているわけではない。あしからず——。

戦い方も含めて、日本代表の若返り、新陳代謝を進めていく中で、大迫の安定感と決定力こそが、いま最も必要とされている。世界トップレベルの最前線、修羅場で生きる男の矜持を、日本代表の戦いの中で見せてほしい。

日本一の得点力を誇った鹿児島城西高時代

鹿島の5シーズンでは、Jリーグ1回、ナビスコカップ2回、天皇杯1回といったタイトル獲得に貢献した

adidas
JFA

中村 俊輔　SHUNSUKE NAKAMURA
サッカーの求道者

中村俊輔を初めて見たのは、桐光学園時代。舞台は、冬の高校選手権だった。

何よりも驚かされたのは、低い弾道のままピッチを横切る、切れ味のある正確無比なサイドチェンジだった。視野の広さと正確なキックは、高校生離れというより、日本人離れしていた。例えるなら、バルセロナで活躍し、柏レイソルでもプレーをしたことのあるブルガリアの英雄、フリスト・ストイチコフだ。

日本の場合、ともすれば、ドリブラーやパサーに評価が傾きがちだが、俊輔の場合、そのどちらも兼ね備えていた。無論、正確無比なFKは、いまだに他の追随を許さない。海外経験を経て、守備のセンスも磨いた。

サッカーを極めるという点では、ヒデ（中田英寿）や本田圭よりストイックである。まさにキング・カズ（三浦知良）と双璧をなしていると言っても過言ではない。

13年のJリーグ最終節、俊輔が所属する横浜F・マリノスは、アウェイでの川崎フロンターレ戦に勝てば、04年以来の優勝が決まるはずだった。しかし、0対1でよもやの敗戦…栄光はその手からすり抜けていった。

タイムアップの笛が等々力に響くと、俊輔はピッチに倒れ込んだ。すかさず、中継局のステディカムがピッチに入る。カメラから顔を背ける俊輔。その模様を、ゴール裏から狙っていた僕は、すかさずシャッターを切った。

カメラマンという生き物は、情けはあるが、被写体の前で決して容赦することがない。俊輔の向こうにいるテレビカメラマンは、実は僕自身でもあった。

その後、俊輔は一度ならず、コーナーフラッグ付近のトラックでも再び倒れ込んだ。受けた衝撃の重さに耐え切れなかったのか…。

サポーターたちの前で、こんなに感情をむき出しにする俊輔を見たのは、このときが初めてだった。

LGRAND
日産車

UEFA CUP

小野 伸二　SHINJI ONO
ボールとともに舞う、快楽の天才ソリスト

小野伸二は、日本人で唯一の、欧州カップ戦のタイトルホルダーである。01-02シーズン、ホーム・スタジアムのデ・カイプで行われた決勝戦で、チェコの天才、トーマス・ロシツキが輝いていたドルトムントを3対2で下し、見事、UEFAカップ（現ヨーロッパリーグ）を制したのである。

のちにオランダ代表監督も務めることとなった名将ベルト・ファン・マルバイクが率いた当時のフェイエノールトは、役割分担がはっきりした、わかりやすいチームだった。

トップにスピードスター、ヨン＝ダール・トマソンと空中戦に強いピエール・ファン・ホーイドンクを擁し、サイドに俊足のボナベントゥル・カルーとロビン・ファン・ペルシ、ボランチにはキャプテンでもある守備的なポール・ボスフェルトと攻撃的な小野が配され、お互いの足りないところをカバーしていた。

つまり、このときのフェイエノールトは、シンジのキャラクターが最大限に生きたチームと言って良かった。彼がその前に所属をしていた、日本のチームとは対照的だった。

僕がシンジに惹かれるのは、プレーする喜びを全身で表現している点だ。ボールタッチ、ドリブル、キックと、すべてのプレーにおいて無駄な力が感じられない。まるで、ボールとともに踊っているような、良い意味での脱力感に癒される。自分もこんな風にプレーできたら、どんなにサッカーを楽しめるだろうか…。

シンジのプレーを見ていると、サッカーが戦いであるということが、瞬間的に忘れ去られてしまうのである。

1999年、シドニー・オリンピック予選のフィリピン戦で、悪質なタックルを受け、左膝の靭帯断裂という選手生命を失いかねない大きなダメージを負ったが、シンジはいまなお、現役選手としてピッチに立ち続けている。

カズとは対極的なプレースタイルの彼だが、願わくば、カズとともに、いつまでも僕たちにプレーをする喜びを与え続けてほしい。

STAD ROTTERDAM
VERZEKERINGEN
STAD ROTTERDAM
VERZEKERINGEN
STAD ROTTERDAM
VERZEKERINGEN
STAD ROTTERDAM
VERZEKERINGEN
STAD ROTTERDAM
VERZEKERINGEN

2001-02シーズンUEFAカップ決勝のフェイエノールト。上段左からカルー、ルザサ、ファン・ホーイドンク、トマソン、ファン・ペルシ、ズーテビール。下段左からギャン、小野、ボスフェルト、パーウベ、ファン・ヴォンデレン

CITIZEN

久保 竜彦　TATSUHIKO KUBO

プレーも、得点も、ゴールパフォーマンスも規格外！

オフトジャパンの主砲だった高木琢也をして、「僕とは全然、モノが違う」と言わしめたのが、久保竜彦である。「ドラゴン」のニックネームを持つ長身ストライカーは、まさしく規格外の怪物だった。

しかし、そのポテンシャルがいかんなく発揮されたかというと、必ずしもそうとは言い切れなかった。桁外れの身体能力の持ち主は、それゆえ、怪我にも悩まされ続けたのだ。

サンフレッチェ広島時代のチームメイトであり、横浜ＦＣでは監督、選手の立場で共闘した高木は、以前、久保の〝規格外〟の秘密の一端を明かしてくれた。

「僕たちは、アイツのことを『ニワトリ』と呼んでましたけどね」（高木）

「えー、ドラゴンではなく？　何で？」（僕）

「3歩進むと、監督の言ったことを忘れてしまうから」（高木）

ＤＦやＭＦと違って、ストライカーは良い意味でも悪い意味でも、監督の指示に囚われず、自分本位の発想があってこそ、それがゴールにつながっていく。桁外れのシュートの秘訣は、そこにあったのだ。

ジーコ監督が最後まで日本代表としての久保に期待をかけていたのは、「天才は天才を知る」からに他ならなかった。

2013年のＪリーグ開幕戦で、浦和レッズ相手に見せた超ロングシュートも規格外なら、その後のパフォーマンスも規格外だった。一体、誰がつけたか、「ひょっとこ踊り」。これでは、カズダンスも形無しである……。

大胆なプレーとは裏腹の、繊細なハート。ピッチ外では、とにかく寡黙だった。怪物と呼ばれていた自分と、ピッチ外の素の自分と折り合いをつけるのが、大変だったのかもしれない。

現在、久保は広島のアマチュアチームでコーチ兼任の選手として現場に立っている。生きている「ドラゴン」を、間近で見られるなんてとてもぜいたくであり、そして一緒にプレーできる選手はうらやましい限りである。

LEOC

LEOC
ドリブラー

LEOC
YAMAGUCHI

parmalat

中田 英寿 HIDETOSHI NAKATA
闘う旅人

1993年のJリーグ誕生以降、いやそれ以前も含めて、あまたの先駆者たちからバトンを受け、20世紀末から21世紀初頭にかけて、日本サッカーのリーダーとして国内外を舞台に活躍してきたのが中田英寿である。

選手としての実績は素晴らしいが、人によって、これほど毀誉褒貶の落差が激しいサッカー選手は、これまで日本のサッカーシーンには見当たらなかった。間近で取材をしたひとりとしても、それを否定する理由は、あまり思い浮かばない。

70年代、一世を風靡した惹句にならえば、良くも悪くも「連帯を求めて、孤立を恐れなかった」のが、中田ヒデ、その人である。もっとも、個人スポーツであれば、それでも良かったのかもしれないが、残念ながら、サッカーは集団スポーツである…。

共通理解やコミュニケーションスキルを他者に求めながら、一方で本人が、敵味方を選別して〝壁〟を作っていたのも事実だった。

僕にとってヒデとは、試合や練習場でレンズ越しにその姿を追う——月並みな言い方をすれば、被写体のひとりであり、それ以上でも、以下でもなかった。関係は極めてニュートラルなものであり、他の報道カメラマンたちとは違って、彼に対して特別な感情は、ほとんど湧かなかった。

現役時代のヒデと言葉を交わしたのは、たったの2度だけである。加茂ジャパンに選ばれたとき、試合前のピッチサイドで、撮影を嫌がるヒデに「プレー中の写真も撮ってほしくないのか?」と聞く僕に対し、「プレー中は気にならないが、それ以外はやめてほしい」と答えた。彼は、写真嫌いなのだ。

もうひとつは、アトランタ五輪出場を決めた翌日、クアラルンプール空港の待合ラウンジでのことである。

帰国便が選手団もメディアも同じだったので、ほとんどの選手が記者たちに囲まれていたが、ヒデはその輪から外れて、懇意にしているライターと話をしていた。そのときの彼の顔が、あまりにも素直な喜びに満ちていたので、僕は近づいて「写真を撮らせてくれ」と頼んだが、即座に「嫌です」と断られた。そのライターと違って、僕は壁の〝外側〟に分類されていたからだ。

望遠レンズで撮れないこともなかったが、それでは流儀に反するので、結局、僕はシャッターを押さなかった。

そんなことがあっても、ヒデが僕を惹きつけてやまないのは、その意識の高さと、良い意味での攻撃性にあった。

ジーコジャパンの代わり映えのしないシュートの反復練習でも、彼は自分で課題を設定して、モチベーションを高めていた。練習のための練習ではなく、自分を高めるため、相手に勝つために、いつも闘っていたのだ。常在戦場。その過剰とも言える意識は、時にはチームメイトとの対立も引き起こした。

常日頃から「現役生活に未練はない」と語っていたヒデ。ならば、彼が現役でいる間、「闘う中田英寿」を徹底的に撮ろうではないか――それがサッカーカメラマンの使命だと思った。そして、ヒデが現役に別れを告げる瞬間を切り取ることが、彼に対する、カメラマンとしての、せめてもの落とし前とオマージュになると思った。

2006年6月22日、ドイツ・ワールドカップの日本対ブラジル戦。タイムアップの笛は日本のグループステージ敗退を決し、その瞬間、ヒデは現役生活にピリオドを打った。

本人を除いて、誰もが早すぎる引退だと思った。その理由を問われ、彼は「サッカーを楽しめなくなったから」と答えている。楽しめなくなった理由については しっかりと語ってはいないが、そもそも楽しむレベルが凡人と違うところが、中田英寿その人なのだ。

まだ選手として、あるいは指導者として、日本のサッカーに還元できることがあったにもかかわらず、みずからサッカーとは縁のないセカンドキャリアを選んだ。その覚悟は、いかにもヒデらしいものだったと言えるが、「旅人」となった現在、果たしてその終着駅が、彼には見えているのだろうか。

adidas

NISS

「サロンフットボール」との邂逅は20代のとき。初めて行ったブラジルのサンパウロだった。

それまで、サッカーの本場ブラジルには、いたる所にサッカーのフルコートがあると思っていたのだが、それは大きな間違い。街中で目に付いたのは、コンクリート製の〝サロン〟のコートと、ストリートサロンだった。

ブラジル人選手のスキルの高さは、幼少の頃から、ボールタッチと駆け引きが多いサロンで培われた――。そう思った僕は、日本に帰国してから、サロンにハマった。幸運にも、地元の西が丘サッカー場に隣接した体育館（現在のナショナルトレセン）をホームに活動する「東京サロンフットボール」というチームがあったので、そこに所属し、さらに文京区にできた新しい体育館でも、サッカーダイジェスト編集部のメンバーを中心にしたチームで、サロンを楽しんだ。ちなみに、そこで出会ったのが、まだ無名だった頃の川平慈英。いまも昔も、変わらぬナイスガイである。

上村 信之介　SHINNOSUKE KAMIMURA
2つの極端が同居したフットサルのレジェンド

それから40年、紆余曲折を経て、サロンは「フットサル」と名前を変え、今日では、日本でも全国リーグが展開されるまでになった。

僕は、そのプロセスをカメラマンという立場から見てきたが、屋外の人工芝フットサルコートという、日本独特の形でプレーエリアが増えたことが、何よりもうれしかった。もっとも、コストや、維持管理の手間がかからないコンクリートでも十分だと、いまでも思うのだが…。

フットサルを創成期から支えた数多くの選手たちの中で、最も強烈なインパクトを受けたのは、上村信之介である。一言で表すなら天才肌。周りが、彼のプレーについていけないことも、たびたびあった。

フットサルというと、テクニシャン系を思い浮かべがちだが、上村の凄さは、それに優る強烈なインステップキックも併せ持っていたことだ。極端と極端がひとつの肉体に同居する――、さらに独特なキャラクターも相まって――、その〝二律背反性〟に痺れた。

1999年2月にフットサル日本代表となったラモス瑠偉。
その技術と知名度で、多大な貢献を果たした

2001年3月の“世界王者”スペインとの一戦では0対16という、フットサルでは珍しいほどの大差のスコアで完敗。しかし、この屈辱もまた、貴重な経験と教訓となった

2013
adidas
JAPAN
10

フットサルに続くニューカマーとして注目されたのが、ビーチサッカーだ。夏のイベントとしても、興行的価値があった。

90年代半ば、当時、ビーチサッカーのブラジル代表選手でもあったジーコやジュニオールらを招いて、三浦海岸でデモンストレーションのゲームが行われた。日本人選手では、奥寺康彦、武田修宏といった足自慢の選手も参加した。

踏み固めた砂ではなく、ざくざくの砂の上で（規定では30センチの深さが必要）やるのだから、よほどのことがない限り、ドリブルは禁じ手だ。まずボールを浮かす→蹴る→止める、という手順を踏まなければならない。

これがけっこう難しい。僕の場合、これまでサッカーやフットサルで培ってきたスキルは、まったく役に立たなかった。まず、ボールが垂直に上がらない。前に行ってしまうのだ。それだと、簡単にボールをロストしてしまう。

さらに、コートをダッシュすれば、１往復でふくらはぎが悲鳴を上げた。素足でボールを蹴るのも、けっこう痛い…。まるで、夏合宿で罰ゲームをやらされている感じだった。たしか、奥寺、武田の両氏は、足袋を履いてプレーをしていた。

13年、タヒチで行われたビーチサッカーのワールドカップを初めて取材した。日本代表の監督がラモス瑠偉だったからだ。フットサルでも代表歴がある彼には、選手としてのみならず、監督としても成功してほしいと思っていた。

グループステージを2位で突破した日本は、準々決勝で優勝候補のブラジルと大接戦を演じ、残念ながら3対４の逆転負け。優勝は、日本と同じ予選グループだったロシアが、フィジカルを生かして決勝でスペインを5対１の大差で破り、大会2連覇を遂げた。

大会優秀選手のひとりに、ブラジルから日本に帰化し、代表のキャプテンも務めた茂怜羅（もれいら）オズが選ばれた。理性、知性、しなやかで強靭なフィジカルを持った非の打ちどころのない完成形アスリート、それがオズである。

茂怜羅 オズ　OZU MOREIRA
日本のビーチサッカーをリードする完成形アスリート

adidas
adidas
adidas

日本の審判のパイオニア、高田静夫氏

審判　REFEREE
日本ローカルから世界基準へ

ワールドカップの舞台で、日本人が主審として初めて笛を吹いたのは、86年メキシコ大会の高田静夫である。

彼は柔和で物静かな性格そのままに、上から目線で裁くのではなく、選手の仲裁に入るという感じ。彼に笛を吹かれたら、「しょうがないな」と思わせる包容力があった。

しかし、そのソフトなスタイルが通用するほど、世界基準の選手たちは甘くなかった。

メキシコ大会グループステージのスペイン対アルジェリア戦で、高田は初の主審を任されたが、試合開始直後から、選手たちの〝駆け引き〟が始まる。高田の笛に詰め寄り、難癖をつけたのだ。東洋人の審判を値踏みしながら、自分たちの有利になるように試合を運ぶためである。

こわもてで巨人のような選手たちに取り囲まれる…。洗礼を受けた高田は、世界基準の厳しさを、笛を吹いたとたんに味わった。

93年にJリーグが開幕すると、欧米からは選手だけでなく、キャリアの豊富な審判も招聘され、日本人審判団に指針を示した。なかでも、指導的な立場にあったレスリー・モットラムは、「笛を吹く審判、毅然としてイエローを出す審判が良い」というモデルケースを示した。

当時のJリーグは、選手も観客も、熱狂の渦の中にいた。良い意味で、冷や水を浴びせる役割が必要とされた。対して現在は、「選手とともに試合を作る」というコミュニケーション重視のやり方に変わってきている。ジャッジには責任が伴う。審判は、説明責任を、現場でも積極的に果たさなければならないのだ。

そんな新たな審判像の象徴的な存在が、西村雄一である。審判のスキルに加え、大柄な体躯も世界基準である。選手に囲まれても〝埋没〟しない。極論すれば、GKと審判は、身長が高ければ高いほど良い。言語スキルも重要なポイントだ。ジェスチャーを含め、感情豊かに、選手とコミュニケーションを図る――。選手同様、審判にもポリバレント性が求められているのだ。

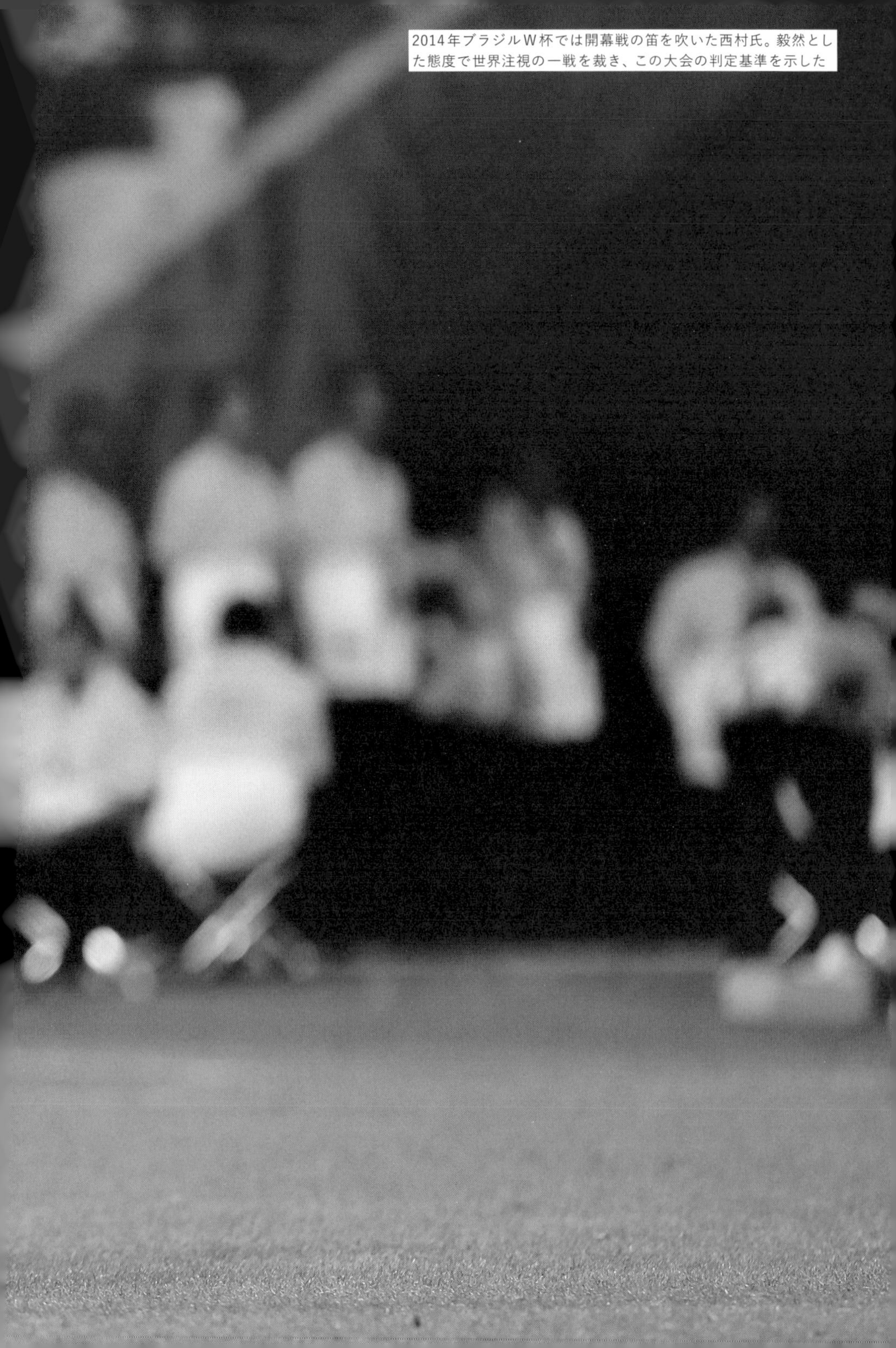

2014年ブラジルW杯では開幕戦の笛を吹いた西村氏。毅然とした態度で世界注視の一戦を裁き、この大会の判定基準を示した

adidas
REFEREE
FIFA
2014
adidas
adidas

第２章　ファインダー越しに見つめ続けた日本代表と日本サッカーの歩み

青白から赤のユニフォームへ――日本サッカーの転換点

日本代表に大きな転機が訪れたのは１９８８年。横山謙三が監督に就任したときだ。これまでの、青と白を基調としたユニフォームから、赤一色に統一したのは大きな変化だったが、選手選考においても、守備の選手でありながらパスセンスに長けた井原正巳、メンタルの強い柱谷哲二、そして足の速い福田正博ら、若手を多く登用した。

プレースタイルも、前任者である石井義信監督の「堅守速攻」から、当時、世界的にも流行していた3－5－2の攻撃的なフォーメーションを採用し、日本サッカーのモデルチェンジを図った。見た目も中身も一新しようとしたのだ。

残念ながら、90年イタリア・ワールドカップのアジア予選では北朝鮮の後塵を拝して1次予選で敗退を余儀なくされるなど、まったくもって結果が伴わなかった。しかし、政権末期には、ブラジル帰りの三浦知良（カズ）と日本に帰化したラモス瑠偉を初めて招集するなど、これまでにない新たな日本代表の誕生を予感させた。

91年6月、当時は欧州と南米のクラブチーム、各国代表チームをごちゃまぜに招いて開催していた「キリンカップ」で、横山ジャパンはタイ代表を1対0、ベベットやビスマルクが所属していたブラジルのバスコ・ダ・ガマを2対1、そしてガリー・リネカー擁するイングランドのトッテナムを4対0で破り、初優勝を飾った。

その翌月、ＪＡＬ（日本航空）の長崎就航を記念して、諫早市で行われた日韓定期戦では、ホームということもあって日本の勝利が期待されたが、0対1の敗北…。取材をしていて、あんなに日本にビビッていた韓国選手を見たのは、後にも先にもあのときだけだった。にもかかわらず、なぜ勝てなかったのか不思議だった。

試合後、長崎空港のタクシー乗降場でたまたま、当時、強化部長だった川淵三郎さんに遭遇し、僕は当時、くすぶり始めていた監督人事について直撃した。記者ではないから、逆に大胆に聞けるのが、能天気なカメラマンの強みである。当時は空港に、番記者の姿は見えなかった。

川淵さんは苦虫を噛み潰したような表情で、「日本人監督ではダメだ」と断言──実はこのとき、すでに水面下では後任監督の人事をめぐる動きが始まっていたことが、のちに判明している──。これが、92年のハンス・オフト招聘へとつながっていく。当時から、川淵さんの有言実行力は、さすがだった。

その後、日本代表史上初の外国人監督となったオフトは、劇的に日本代表を変えていく。同時に、川淵さんの指導力は、日本のサッカー界の中で、存分に発揮されていくこととなった。車で言えば、このとき、エンジンとハンドルとドライバーがようやく揃ったというところだろうか。あとは、経験というガソリンを積み込んで走るだけだった。

話を91年の日韓戦の後に戻すと、長崎空港の売店に、絶好調だった北澤豪（当時はストライカーで日本サッカーリーグの得点王にも輝いた）がいたので、韓国の印象を聞くと「プレッシャーを全然感じなかった」と、ゴール裏で撮影していた僕と同じ感想だった。カズやラモス同様、韓国に対するコンプレックスをあまり感じない選手たちが登場し始めたのも、この頃からだったかもしれない。

いずれにせよ、僕の中でこのときの一戦は、数多く行われた日韓戦の中で、日本が主導権を握った数少ないゲームだったように思う。当時から、日本にとって韓国は「永遠のライバル」といわれていたが、実際のところ、それまではスコア以上に、試合内容で韓国に圧倒的されていたのだ。

横山ジャパンといえば前述の通り、期待されながらも、イタリアW杯アジア予選で、最終予選にすら進めず敗退を喫した。このとき、初めて代表監督に対する解任運動なるものが、目に見える形で行われるようになった。これも、横山さんが生み出した日本サッカーの新たな流れと言えるかもしれない。

僕は元々、東京、メキシコ・オリンピック世代だったので、そのときの日本代表のいでたち、上下とも

1991年の日韓定期戦

横山監督は1988年から91年まで代表を指揮
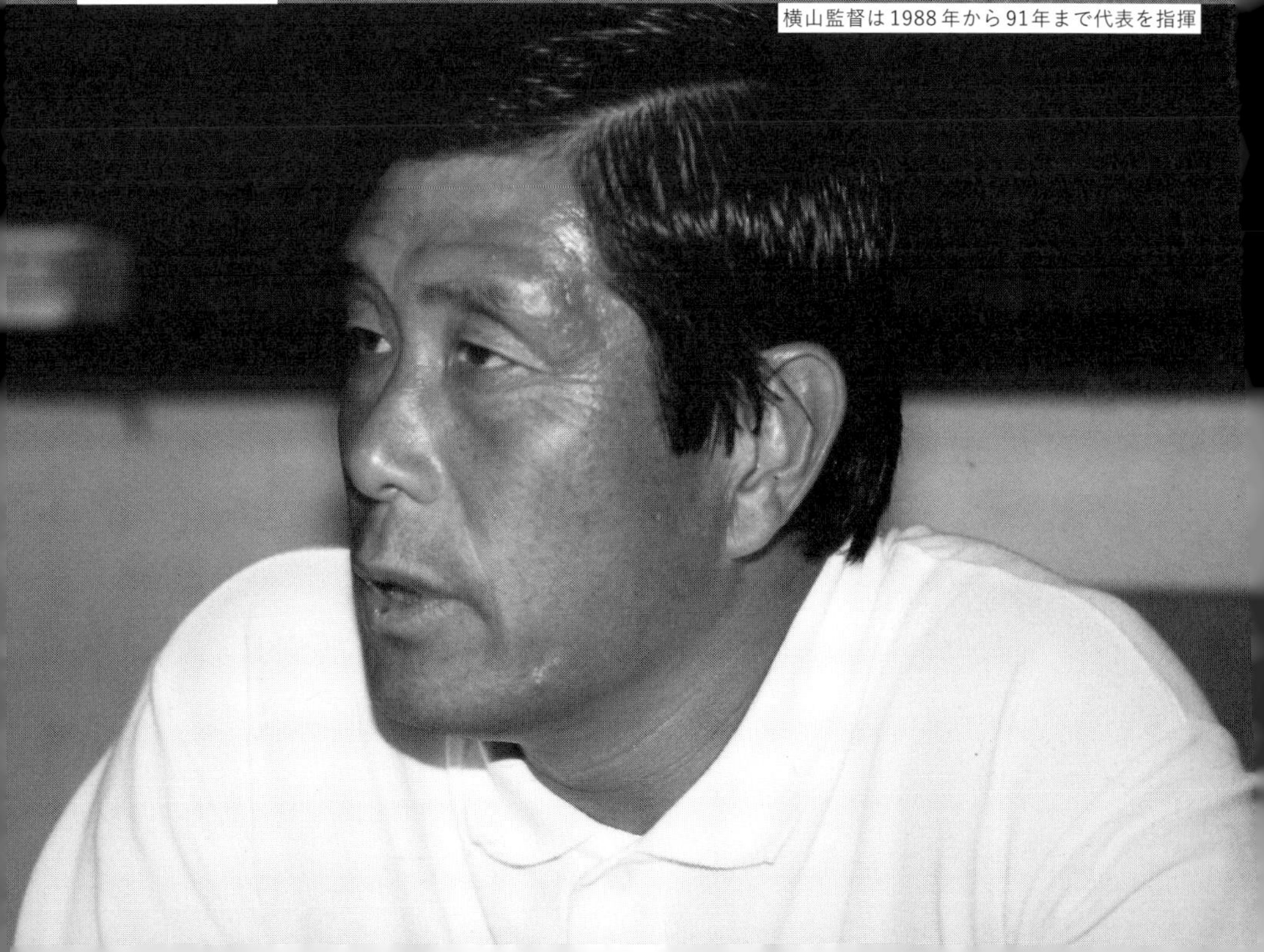

日本代表史上初の外国人監督となったオフト

に白で、胸に日の丸のワッペンというシンプルなスタイルがいまでも一番好きだが、横山監督時代の全身赤のユニフォームも、とても斬新だと思い、好印象を抱いた。当時は「三菱重工カラー」と陰口を叩かれていたのだが…。60年代の上下白と、横山ジャパンの上下赤の代表ユニフォームは、是非とも復刻してほしいと思っている。

カズで始まった90年代

変革を求めた横山ジャパンの蹉跌をプロローグとするなら、92年に広島で行われたアジアカップで優勝したことは、日本サッカーの転換点になったと言っていい。

当時は、プロリーグ開始に向けて着々と準備が進んでいたが、これを盛り上げるための起爆剤が必要とされていた。その役を日本代表が見事に務めた結果、Jリーグは予想を上回る盛況ぶりの中でスタートを切ることができた。

JSL（日本サッカーリーグ）——Jリーグの前身であるアマチュア時代の全国リーグ——での20年を知る者にとって、それは奇跡以外の何モノでもなかった。そしてそれは、僕の生活にも波及してきた。40代にして、ようやく「サッカープロパー」で飯が食えるようになったのだ。

余談ながら、92年のコニカカップでの試合前、カズが口にした言葉が脳裏に蘇る。

「これからプロリーグができるけど、選手だけでなく、スタッフも、サッカーを取り巻く人すべてがレベルアップし、豊かにならないと、世界では絶対に勝てない」

ピッチサイドでスパイクの紐を結びながらそう語り、センターサークルに向かって走っていった彼の、モスグリーンの後ろ姿のまぶしかったこと。成長期に本場ブラジルでサッカーを体験したカズだからこそ言える、リアルな言葉だった。ホペイロ（用具係）というスタッフを日本のサッカー界に導入するように動いたのも、カズである。

80年代後半、ムービーの仕事でサンパウロに滞在していたとき、郊外で行われたグアラニ対コリチーバ戦を観に行った。カズはコリチーバの一員として、先発で出場した。ポジションは左のウイング。プレースタイルはあの通りで、彼のフェイントに、スタジアムはシニカルな感じも含め、結構、沸いていた。

その後の日本でのプレーと違っていたのは、守備も一生懸命やっていたこと。自陣ゴールライン際でボールに絡み、そこから猛然とダッシュし、相手ゴール前に顔を出すということが何回もあった。最近で言えば、ロシアW杯アジア最終予選・サウジアラビア戦での原口元気のようなプレーだった。カズはそれを、いまから30年近く前、ブラジルですでに繰り返していたのである。

試合後、ゴール裏にいた僕のところにカズがやって来て、「今日のプレーはどうだった?」とざっくばらんに聞いてきた。ここらへんがカズの怖いところで、ストレートに本音を聞いてくる。そこで僕が、「守備しすぎ。あれじゃあ、ゴール前で余力がなくなるでしょう?」と答えたら、「それをしないと、試合で使ってくれないんだよ」という返事が返ってきた。悲壮感はまったくなかったが、サッカーの本場ブラジルで戦う日本の若者の、汗にまみれながら奮闘する初々しい姿が、そこにはあった。

当時のカズのプレーを見ていて、正直、彼が日本サッカーを牽引するような存在になるとは思えなかった。それ以前にも、短期の海外留学をしたJSLの選手が日本に戻ってきて、素晴らしいプレーを見せてくれることは何度もあったが、半年もすると日本のサッカーに埋没し、目立たなくなっていくという現実を何度も見てきた。たぶんカズも、こじんまりと「箱庭化」して、JSL仕様に収まってしまうのだろうと感じていた。ドイツ・ブンデスリーガで10年間も活躍してきた奥寺康彦ですら、86年に帰国してからはそうだった。

しかし、時代はカズの活躍を求めていた。そして彼は日本に戻り、日本サッカーの顔となった。横山ジャパンで代表入りを果たし、オフトジャパンではリーディングスコアラーとして君臨し、ヴェルディ川崎でもエースとして大活躍。代表での活躍は、加

77年当時、最高峰リーグといわれたブンデスリーガに参戦して成功を収めた奥寺。86年に古河電工に復帰し、88年に引退した。現・横浜 FC 取締役会長

89年に加入したコリチーバで活躍し、カズの名はブラジル全土に知れ渡った

82年に単身でブラジルに渡り、90年に帰国。カズは日本サッカーの救世主となった

茂周、岡田武史の政権まで続いた。

僕の中では、90年代の日本サッカーは、カズで始まり、その先の若い選手たち（アトランタ五輪世代）につながっていったという印象が強い。そしていまでも、彼は現役選手である。カズを超えていった選手たちの多くは、すでに引退しているというのにだ。まったくもって、脱帽である。

「サポーター」が誕生した
92年アジアカップ

92年、日本ではそれまであまり馴染みのなかったサッカーの国際大会「アジアカップ」が、広島で開催されることになった。

広島といえば、東洋工業、マツダ、サンフレッチェ広島とつながる〝サッカーどころ〟。静岡、埼玉と並んで「サッカー御三家」と呼ばれているが、実際は野球のほうが盛んだった。首都圏開催の大会とは違い、客の入り、スタンドの盛り上がりが不安視されていた。おまけにスタジアム（広島ビッグアーチと同敷地内の球技場）は郊外にあり、アクセスが不便な場所にあったのだ——同会場は2年後のアジア大会用に建設されたため、このときはまだ、周辺や交通の整備は成されていなかった——。

集客、応援をどうするか。ここから、「ウルトラス日本」の暗躍（?）が始まった。10代、20代の若者たちが、スタンド全域に散らばって、単独で声を上げたり、試合を楽しんでいる他のグループに声をかけたりして、応援の輪を作り、それをスタジアム全体につなげていった。

リーダーの植田朝日は、日本が決勝に出たときの応援をどうするか、真剣に考えていた。大会が始まる前、彼と話をして「こいつは凄い!」と思ったのは、日本の決勝進出を信じて疑わなかったことだ。まだ、日本が現在のようなアジアの盟主になる前のことであり、グループステージを突破できるかどうかもわからなかったときに、彼はもう、決勝に思いを巡らせていたのである。

大会が始まり、日本が勝ち上がるにしたがって、スタジアムには日の丸の旗が増えていった。サポーターたちは、観客席の最上部を、トレインしながら練り歩いた。日本の快進撃とともに、観客席も徐々に一体感にあふれ、熱を帯びるようになった。

UAE、北朝鮮に連続して引き分けた後で迎えたグループステージ最終戦、勝利が必要だったイラン戦でのカズの決勝ゴールは、蹴った瞬間、際どいコースに向かっていったので、クロスバーかポストに当たるか、あるいは枠を外れるかのどちらかだと思ったが、「右足に魂を込めた」（本人談）シュートは、見事にゴールネットに突き刺さった。キングではなく、まさに神様、仏様、カズ様だった。

この試合、イランの選手は、露骨なまでに駆け引きが巧妙だった。試合後、メディアルームでは、イランのメディアが「カズのゴールはオフサイドだ」と叫んでいた。しかし、仕上がったカズのポジ写真を見せたら、今度は「本国に電送するから、タダでくれ」としつこく懇願された。選手もメディアも、ペルシャ人は一筋縄ではいかない。

決勝のサウジアラビア戦の前、朝日から、あることを仰せつかった。大きな日の丸に寄せ書きをしたので、日本が優勝をしたら、試合後にバックスタンドでそれを受け取り、場内を一周してほしい――。それを「ラモスさんに頼んでよ」と言われたのだ。

彼らの思いは、僕も十分に理解していたし、その実行力も目の当たりにしていたから、「わかった」と返事をした。「ラモスが受け取れば、選手もスタッフも、文句は言えないだろう」という朝日の〝深謀遠慮〟も感じたが、さすがに試合前のラモスにお願いするわけにはいかない。そこで、代表選手でありながら、熱烈な「サポーター」でもあった都並敏史だったら聞いてくれるだろうと思い、試合前の練習を終えてピッチから引き揚げてくるところを、声をかけた。

それが間違いだった。めちゃくちゃ怒られた。「試合前に余計なこと頼むんじゃねえよ。ふざけんじゃねえよ。〇×△※☆！」。彼は、試合に向けて集中していたのだ。

戦う前の選手を、怒らせてしまった。これが結果

92年アジアカップのイラン戦。「右足に魂を込めた」カズのゴールは日本を救い、新たな歴史を作った

に影響しなければいいが…。試合中、僕は罪悪感にさいなまれながら、シャッターを押し続けた。普段、サポーターと選手に挟まれて仕事をしているカメラマンには、両方の気持ちが痛いほどわかるが、それが裏目に出てしまった。

しかし幸いにも、試合は高木琢也のスーパーゴールで日本がサウジを1対0で下し、初優勝を飾った。メキシコ五輪での釜本邦茂を彷彿とさせる胸トラップからのシュートだったが、高木のインステップは力強かった。

試合後、選手たちは場内を一周する途中、サポーターの寄せ書きがたくさん入った日の丸を受け取り、それを掲げながら、メインスタンドに戻ってきた。

試合前の経緯があるので、僕は恐る恐る日の丸を掲げる選手たちに近づいたが、そのとき、一番端っこにいた都並さんと目が合った。彼は、笑顔でちょこんと僕に向かって頭を下げてくれた。正直、日本が優勝したその瞬間以上に、僕はうれしかった。

日本で、サポーターという集団が意識的に形成されていったのは、このアジアカップのときからではないかと思う。ここでのリーダーたちの成功体験が、それぞれJリーグの各チームを牽引するコールリーダーたちに引き継がれていったのではないだろうか。

アジアカップ優勝は日本サッカー界に大きな自信や活力を与えたが、サッカー界を取り巻く環境にも大きな変化を与えた。これこそ、まさにシンボリックな、日本のサッカーのハイライトシーンだったと言えよう。

この後にJリーグが発足すると、メディアや関係者は、スタジアムに来る人々のことをおしなべてサポーターと呼ぶようになったが、それには違和感を拭えない。サポーターとは、あくまで戦う集団であり、サッカーそのもの楽しみに来た人は「ファン」で良いのではないか。サポーターは、ちょっと危険な香りがしたほうがいい。

サッカー場に来る人たち全員を、サッカーをサポートする人と捉えるなら、「サポーター」と総称してもおかしくはないのかもしれないが、見る場所によって温度差があるのは、仕方がない。僕は、観

"さようなら" SEE YOU AGAIN
IN THE 12th ASIAN GAMES
HIROSHIMA 1994

客席の中でも、ゴール裏だけは、リバプールの「コップエンド」のように、特別な世界のような気がしている。

Jリーグ開幕の喜びと大きな不満

ここまで、山あり谷ありのJリーグだが、よくぞオリジナル10から57チームと数を増やしながら、地域と共生してきたと思う。JSL体験が強烈だったぶん、Jリーグが創設されたとき、僕は正直言って、これが成功するかどうかは半信半疑だった。

ただ、Jリーグの前夜祭的イベントとして位置づけられた92年のコニカカップで、その予兆は感じられた。選手たちの顔つきが、JSL時代とはまったく違っていたからだ。寄せては返す波は時々大きくなるものの、それまでは長続きしなかったのが、一気にドカーンとやって来た感じだった。そして、それは業界全体も同様だった。

僕自身、「サッカーダイジェスト」から単発の仕事を受ける身から、新しいサッカー専門誌『J'LEV(ジェイレブ)』の専属カメラマンになったし、異業種からも、才能のある人が続々とサッカーメディアに参入してきた。何人かの顔見知りのカメラマンは、チーム専属のオフィシャルカメラマンになった。逆に専門誌の記者が、チームの広報に転職したケースもあった。そして多くのメディアが、こぞってJリーグを取り上げるようになった。

ジーコ、ピエール・リトバルスキーといったワールドクラスの選手が続々来日したことで、いわゆる本場のプレーを、シーズンを通したリーグ戦において、肌で感じられるようになった。そして、満員のスタジアムが醸し出す、これまでにない雰囲気は、閑散なスタジアムでしかプレーしてこなかった選手たちを、これまで以上に動かした。「Vゴール」というローカルルールも、リーグの活況を後押しした。

この頃、僕は「ジェイレブ」において、「見つめ続ける人々」と表題を打って、鈴なりの観客席で撮影した立ち見の人々の後ろ姿の写真（同じ構図の写真を4－5ページに掲載）とともに、以降のような記事を寄稿した（93年5月号・111ページ）。それは、当時のJリーグ、そしてサッカー界を的確に表したものだと、自負している。

フィールドでプレーする選手たちに最も近い位置にいるのは、まず第一に審判である。次にゴール裏で望遠レンズを構える私たちカメラマンや、ベンチにいる監督、控えの選手たち、そしてその周囲には幾重にも重なった観客たちのさまざまな視線がある。不特定多数の見つめる人々がいま、日本のサッカーを変えようとしている。

私たちカメラマンが、巧みに相手をかわしてゴールに向かって突き進んでくる選手とレンズを通してクローズアップで向かい合っているとき、巨大なスタジアムを埋め尽くした人々もまた、自分の視線の中で、ボールと選手の動きをしっかりと捉え、心のフィルムに写し撮る。

フィールドで繰り広げられる激しい攻防。そして訪れる決定的瞬間、ゴール。もし快楽を音で表現しろと言われたら、私はためらいなくゴールの瞬間の歓声を挙げる。耐えに耐え、あるいは待ちに待った果てに、全身から湧き上がる観客のエクスタシーの大合唱は、ラグビーのトライや野球の満塁ホームランのときに上がるそれとは、比べるべくもない。

ゴールを決めた選手にも、その瞬間を待っていたお互いに見知らぬ観客たちにも、同じ感動が訪れる。フィールドでは選手たちが熱い抱擁を繰り返し、スタンドからの歓喜の渦が、そこにいるすべての人たちを包み込む。見る者と見られる者との垣根が取り払われ、お互いが一体化する至福の時。ランボーの詩になぞらえて言うなら、「感じたぞ。何を？　永遠というやつを」。

かつては決して埋まることのなかったゴール裏も、いまや、人、人、人である。スタンドの最上段からも、立ち見の人が二重の列を作ってボールの行方を追っている。いままでサッカーの試合で出会うことのなかった多くの人々が、競技場に足を運び始めたのだ。繰り返して言おう。これから日本のサッカーを変え、世界に通用する選手を育てていくのは、いまスタンドにいるあなた。見つめ続ける一人ひとりなのである。

もっとも、Jリーグ自体の熱は長くはもたず、間もなくして冷めていくこととなった。

いまでも残念に思うのは、国立競技場をホームとするクラブチームを、Jリーグが認めなかったことだ。

リーグができる前、日本のサッカーシーンをリードしていたチームは、日産自動車と読売クラブだった。日産が横浜の三ツ沢をホームとするなら、読売は国立でいいのではないかと単純に思うのが、当時のファン心理だったが、Jリーグを主導していたのは、川淵、木之本（興三）、森（健児）といった、古河、三菱系の人たちだった。

僕は、三菱でも、古河でも、どこでも良かった。とにかく、東京のど真ん中にある国立競技場を有効活用してほしかったのだ。1千万を超える人口を抱える大都市の、潜在力を活かさない手はなかった。そうすれば、専用サッカー場を東京に作るための起爆剤の役割を、国立が果たすからだ。

しかし結局、国立をホームにすることを希望するチームが複数となったことで、共有で使用するという、その場しのぎの大岡裁きとなった。

Jリーグができて24年になるが、いまだに東京23区内のサッカー専用スタジアムは、西が丘だけである。チーム数こそ増えたが、なんと貧しいリーグか…。

西が丘は僕の地元に近いが、高校時代に署名活動をして、地域住民の力が後押ししてできたサッカー場である。昔は練習用のサブグラウンドがあり、そこも芝生だった。現在も近くには、人工芝であるが、スタンド付きの北区営の専用サッカー場があり、ここでは地域リーグの公式戦が行われている。

Jリーグを語る上で欠かせないのは、ヴェルディ川崎（現・東京ヴェルディ）と鹿島アントラーズの2チームだ。まさに、Jリーグの24年の光と影を象徴する存在だと言えよう。

Jリーグ初代得点王となったアルゼンチンのラモン・ディアス

Jリーグ初代MVPは、もちろんカズ。真っ赤なスーツとド派手な登場の仕方が話題となった

Jリーグ創設に伴い、読売クラブは練習場が稲城にあるということで、隣接する川崎市を本拠地にすることとなったが、これは、どちらにとっても迷惑な話だった。クラブ名を巡って、Jリーグサイドと読売グループの間には軋轢もあった。

JSL時代、読売クラブは等々力を準ホームのような形で使用していたが、チームも地域住民も、ともに関係は希薄だった。埼玉に自動車工場があるホンダがJリーグに参入しないこととなり、浦和市を振り当てられたレッズ（＝三菱重工）のその後の発展とは、対照的な道を辿った。

ヴェルディのチーム名の変遷を見れば、いかにこのチームが迷走し続けたかが見えてくる。JSL時代までは「読売サッカークラブ」、Jリーグ創設時は「ヴェルディ川崎」。それが01年にホームスタジアムの変更で「東京ヴェルディ1969」に変わり、さらに08年には「東京ヴェルディ」となった。

93年当時、僕は、親会社である読売グループが、ヴェルディのクラブハウスがある「読売ランド」に専用サッカー場を作り、アミューズメントと一体化したサッカーパークを作ればいいのに、と考えていた。2つの私鉄に挟まれ、アクセスも悪くはなかった。

清水エスパルスや鹿島アントラーズといった、JSLでほぼ実績のないチームが加入できたのは、専用スタジアムを用意したことが大きかった。だったら、日本で初めて、サッカーの本格的なクラブチームとして誕生した読売クラブも、サッカースタジアムを作り、堂々と「読売東京スタジアム」という名称を付けるべきだったと思う。

その点で、〝新参者〟鹿島――前身の住友金属はJSL時代、2部リーグでのプレーのほうがはるかに長かった――は、Jの理念を先取りするのみならず、率先してリーダーシップを発揮し、リーグを牽引していった。ジーコというプロフェッショナリズムに貫かれた男の生き方、スタイルを、チーム経営や戦略にも反映し、継続して発展させた。

93年のJリーグ・チャンピオンシップにおける「つば吐き事件」以降は、互いに犬猿の仲だったにもかかわらず、川淵さんが日本代表監督をジーコにお願いしたのも、そのスピリットを代表チームに植えつけてほしかったからだと思う。川淵さんはこれまで、内側にいて、代表監督と選手たちとの軋轢をずっと見てきた人だから、なおさらその思いが強かったのではないだろうか。

Jリーグは、相変わらず、高度成長期における郊外発展型の東京の特徴をなぞっている。いわゆる「ドーナツ化現象」というやつだ。都心にJのクラブはないが、東京の中心を囲むように点在している。その数はJ3を加えれば、12チームにも上る。

周縁でこそJリーグが必要とされているという証とも言えるかもしれないが、いまや職住接近の時代である。東京の中心にJクラブが、そしてサッカー専用スタジアムがないという現状を見ると、やはり「いびつなリーグ」と言わざるをえない。

見ていて苦しかったアトランタ五輪予選

これまで取材をした中で、タイムアップの笛が待ち遠しく、胸を締めつけられるような思いで90分を過ごしたゲームといえば、ドーハでのイラク戦でも、ジョホールバルでのイラン戦でもない。何といっても、アトランタ五輪最終予選でのサウジアラビア戦だった。

上位3チームに出場権が与えられるレギュレーションの下、日本は最終予選の準決勝に進んだ。相手は当時、アジア最強といわれたサウジアラビア。その身体能力の高さは、アジアレベルを超えていた。

一方の日本は、キャプテンの前園真聖、城彰二、川口能活、中田英寿といった高校サッカーのスターたちが、開幕したJリーグのなかで進化を遂げ、68年メキシコ（シティ）五輪以来の本大会出場に王手をかけた。

当時、バイタルエリアで切れ味鋭いドリブルとフェイントを駆使し、抜群の存在感を見せた前園が、キャプテンシーを発揮して2点を日本にもたらした。ゴールを挙げた後、喜びながらコーナフラッグに疾走してくる前園は、とても大きく見えた。

その後、1点を返されるが、川口がファインセーブを連発して、同点弾を許さない。耐える日本、怒涛の攻撃でたたみかけるサウジアラビアという構図で、試合は最後まで続いたが、日本はリードを守り切り、28年ぶりの悲願を成就させた。

ゴール裏でカメラを構えるようになってから、冷静な自分と、ファンとして盛り上がったり盛り下がったりする自分が行って来いをしているが、このときばかりは、時計と睨めっこをしながら、はらはらドキドキのしっぱなしだった。涙こそ出なかったが、胸を締めつけられる思い…。それなりの場数を踏んできたつもりだが、こんな経験は、後にも先にもこのときだけだった。この一戦が忘れられないものになったのは言うまでもないが、会場となったシャーアラムも、僕にとって最も忘れられないスタジアムとなったのである。

この予選はトーナメント方式のため、決勝も行われた。相手は宿敵の韓国。アトランタ行きを決めた時点で僕は抜け殻になってしまったが、選手も同様だったのかもしれない。残念ながら、このチームをしても韓国には勝てず、優勝には手が届かなかった。

表彰式の後、銀メダルを首から外しながら、スタジアムの階段を下りる前園の悔しい表情が、とても印象的だった。

ところで、五輪の取材パスを出すのはJOC（日本オリンピック委員会）。この組織には、フリーランスというメディアのカテゴリーはなく、僕たちが五輪を取材しようとすると、チケットを貰い、スタンドから撮影をする他なかった。FIFAがIOCと掛け合い、サッカーだけは取材パスを確保し、各国の協会に割り当てていたが、当時、その数はまだ少なかったように思う。

よって、僕はアトランタ五輪の本大会を現地取材することはなく、日本がグループステージの初戦で優勝候補筆頭のブラジルを下すという「マイアミの奇跡」を演じたときには、テレビドキュメンタリーの撮影で、三重県の海辺の町にいた。撮影が始まる前、取材先の家でテレビ観戦をさせてもらったが、伊藤輝悦の決勝ゴールが決まったときには、飛び上がって喜びすぎ、鴨居に頭を強打して軽い鞭打ちになった。

ちなみに僕は、次のシドニー五輪では決勝までチケット取材、北京五輪では取材パスをもらえたが、ロンドン、リオでは再びチケット取材を強いられることとなった。

アトランタに話を戻すと、このブラジル相手の大金星によって、メダル獲得の期待は一気に高まったが、続くナイジェリアには完敗。最後のハンガリー戦では、終了間際に劇的な逆転勝利を収めたものの、得失点差で3位に沈み、2勝したにもかかわらず、グループステージ敗退の憂き目に遭った。

これ以降、日本はシドニー、アテネ、北京、ロンドン、そしてリオデジャネイロと、連続して五輪出場を果たしているが、男子は68年メキシコ五輪以来のメダル獲得を果たせていない。アトランタ五輪から導入されたオーバーエイジ枠だが、日本はそれを生かし切っているとは言いがたい。

2020年の東京五輪で主力となる世代は、いまのU-20日本代表の面々である。今年、韓国で開催されたU-20W杯で、世界を相手に戦った彼らは、3年後、大舞台で何を見せてくれるだろうか。

ファルカンジャパンの最初の練習はリフティング

92年に外国人として史上初の日本代表監督に就任してから、日本を飛躍的に強化してきたオフトだったが、日本中を深い失望に叩き落した「ドーハの悲劇」により、そのキャリアが問われ、サッカー協会は、選手としても、監督としても世界基準を経験した人物を招聘する方向に舵を切った。

その結果、82年スペインW杯で世界を魅了したブラジルの「黄金の中盤」のひとりであり、ローマなどで活躍した他、指導者としてはブラジル代表監督の経験もあったパウロ・ロベルト・ファルカンが、新たな監督として迎え入れられた。

僕は、ファルカンが代表監督のとき、現地のテレビでブラジル代表の試合を2度ほど見たが、人選、采配、結果と、三拍子揃って、批判にさらされていた。彼はポルトアレグレ出身で、人選も地域性を考慮したものとなり、リオ系の選手は冷遇されていた。のちにヴェルディ、鹿島、ヴィッセル神戸とJリーグのチームを渡り歩くビスマルクは、リオ出身ながらも選ばれていたが、それでもサブ扱いだった。そこには、リオ以北とサンパウロ以南の対立が、根底にあったのだ。

そんなファルカンが、日本代表監督として選んだ選手は、岩本輝雄をはじめ、実に斬新だった。そして、西が丘で行われた初日の代表候補合宿練習では、手始めとして、選手全員にボールリフティングをさせ、「サッカー検定」を行った。

基本的なリフティングから、徐々にハードルを上げていき、ふるい落としながら、その中で、各々の力量を見るという目的のメニュー。監督が要求するタスクを遂行し、最後まで地面にボールを落とさなかったのは、ラモスとカズだけだった。

逆に、一番最初にボールを落としたのは柱谷哲。「俺、次は呼ばれねえな」とぼやいていた。当時は、選手の愚痴が聞こえるほど近い場所で撮影ができたのだ。しかし、彼はファルカンジャパンでも、キャプテンマークを腕に巻き続けた。

セットプレーの練習では、ファルカン監督自ら、立ち足の入り方、ボールに対する角度まで、きめ細かく実演をして見せて、周囲のため息を誘っていた。キックの精度は高く、フォームは美しかった。ただ、「これって代表の練習でやることなの？」と思ったのも、また事実だった。

当時、Jリーグは週に2試合行われており、選手はそこでの疲労を抱えた状態で、代表の練習に参加していた。そこで待っていたのは、ファルカン監督が連れてきたフィジカルコーチ、ジルベルト・チンのハードトレーニングだった。素人目に見ても、彼のかける負荷は半端ではなかった。それまでは軽々メニューをこなしていた井原ですらも、チン・コーチのトレーニングでは、息が上がっていた。

こうした努力の甲斐もなく、結局、94年に広島で行われたアジア大会では、日本は準々決勝で延長戦の終了間際にPKを与えて韓国に敗れ（2対3）、ファルカンは解任されることになった。大会前に設定さ

ファルカン監督。すべてが斬新すぎたか…

れたノルマ（ベスト4以上か韓国より上の成績を残すこと）をクリアできず、コミュニケーションにも問題があったためである。

しかし、チン・コーチの厳しいトレーニング、健康管理も原因のひとつだった。選手は「これでは、試合で疲れが出てしまい、戦えない」と、協会首脳に直訴したという。傍目で取材をしていた僕も、その通りだと思った。

迷走し、異国で終わりを迎えた加茂ジャパン

代表監督人事は、オフト、ファルカンと続く外国人監督から、日本人監督へと、再び針が戻った。日産自動車をトップチームに引き上げた加茂周監督による政権の誕生である。

しかし、加茂ジャパンも迷走する。95年には、その指導力に疑問を持った、加藤久を委員長とする強化委員会が、当時、ヴェルディの監督をしていたネルシーニョを招聘しようとしたが、土壇場で加茂続投が決まった。

梯了を外されたネルシーニョは、協会に対して「腐ったミカンがいる」と衝撃的な発言をする。そして、「腐ったミカンは、そうでないミカンも腐らす」との〝提言〟も残した。果たして、誰が腐ったミカンだったのか。それは読者の想像にお任せしよう。

ある意味で、ネルシーニョの言葉は、現実となって表れた。のちの加茂監督更迭である。

フランスW杯のアジア最終予選、ホームの韓国戦でショッキングな逆転負けを喫した際、試合後の会見では、メディアから進退について質問が出るまでになった。

不可解な采配もさることながら、加茂ジャパンの迷走の大きな理由は、あの韓国戦で、カズが相手のキャプテン、崔英一に背後から悪質な「ももかん」ならぬ「尻かん」を受け、それ以降、下半身に踏ん張りが利かない状態になっていたことが大きいと僕は思っている。

最終予選を思い出してほしい。韓国戦以前と以降では、明らかにカズのパフォーマンスは違っていた。これまでにも、加茂監督解任の噂は立ったが、その都度、結果を出しては、それを払拭してきた。そして、それらの試合で勝利を決めるゴールを生み出したのが、カズだった。そのこともあり、調子が上がらなくても、加茂監督にとってカズはなくてはならない選手だったのだ。

「加茂監督の素晴らしさは、試合中の直感、ひらめきにある。選手交代のタイミングなど、あれは真似できない」

これは、のちに加茂監督に代わって代表を率いることになる、岡田武史の言葉である。しかし直観は、この日韓戦では完全に裏目に出てしまった。加えて、チームの柱だったカズの負傷である。こうして、日本代表は予選が進むにつれ、パフォーマンスが低下していく。

続くアウェイでのカザフスタン戦でも、悪い流れは止まらず、1対1の引き分けに終わる。そのときも会見では、記者から進退伺いについての質問が出たが、加茂監督本人は、これをきっぱりと否定した。しかし、その裏で、協会首脳が次々とカザフスタン入りしていたのだ。加茂監督に引導を渡すために…。

試合日の夜、緊急の記者会見が、代表チームが滞在するホテルで行われた。加茂監督は更迭、後任は岡田コーチという、衝撃的な発表がなされた。前述の通り、加茂監督本人が試合後に退任を否定していたため、会見に出席したメディアは数少なかった。

当時、僕は有料ネットマガジン「フットボールウイークリー」の仕事に携わっており、カザフスタン戦後は、日本に写真を電送する作業をしていた。すると、代表チームのホテルに張り込んでいた同行の記者から連絡が入り、「すぐ、ホテルに来い！」と言われた。

まさかの事態が、本当に起こったのだ。

まだ、携帯電話やネットが普及していない時代、知り合いの仲間が滞在するホテルに電話を入れたが、ほとんどの連中が食事のために外出をしていた。そして僕は、すぐさま会見場に駆けつけた。

加茂監督の更迭を発表した長沼健・サッカー協会

加茂監督（右）の命運は、写真のカザフスタン戦で尽きた…

加茂監督更迭会見。岡田武史の存在が脚光を浴びた瞬間だった

会長の言葉を要約すれば、「流れを変えるには、監督を代えるしかない」ということ。幹部連中の対応の速さを見れば、カザフスタン戦で結果が出なければ、岡田コーチを昇格させるというのが既定路線となっていたことがわかった。

「アルマトイでなら、岡田も（監督代行を）断れないだろう」という判断もあったはずだ。しかし、予想に反して、岡田コーチは頑なに拒否。その彼を最終的に翻意させたのは、早稲田大学の先輩でもある川淵さんだった。のちに長沼さんは、「大学サッカー部の先輩後輩の絆は強いね。カザフスタンでは、改めてそれを感じたよ」と語っていた。

暴動、敵地で韓国に快勝、そしてジョホールバルの歓喜！

岡田監督の初陣となるアウェイでのウズベキスタン戦も、日本は苦しみ、0対1のままアディショナルタイムに入った。ほとんど諦めかけていたとき、井原のロングフィードが呂比須ワグナーの頭を経由して、走り込んだカズの前に転がった。相手GKはカズを意識するあまり、ボールを見失って、そのままゴールに吸い込まれた。

土壇場での同点劇。試合後、キャプテンの井原は「最後まで諦めない。絶対にW杯に出場するという強い気持ちを持って、これからも戦う」と語った。その言葉に、僕は力をもらった気分だった。選手を励ますはずが、逆に励まされたのである。

しかし、続くホームでのUAE戦も、日本は呂比須のファインゴールで先制しながらも追いつかれ、勝点3を奪うことができずに、自力での2位通過は絶望となった。岡田監督になってから2試合連続での引き分け。不甲斐ない結果に、試合後、ファン、サポーターの怒りは爆発した。

選手の出入り口付近には、怒った群衆が集まり、ブロックの塊や生卵を投げつけている。まさか、日本でこんなことが起こるとは、思いもしなかった。まだ、この時点では可能性が残されていると信じていたからだ。

サポーターの言動に激高したカズを、チーム関係者が必死に止めるという一幕もあった。そして、万一、チームのバスが動けなくなった場合を想定して、僕のように車で会場入りしていた独立系メディアに対し、協会から、秘かに選手を同乗させてほしいとの要請もあった。

この夜の国立は、まさにカオスと化した。

混乱の夜から6日後。蚕室《チャムシル》での一戦の前、韓国ゴールの裏には「Go Together France（一緒にフランスへ行こう）」と書かれた弾幕がかかっていた。

すでに1位通過を決めている韓国サイドの余裕と言ってしまえばそれまでだが、次回大会でW杯を共催することが決まっている日韓の距離が縮まってきていることを、実感した瞬間でもあった。

試合は、「守備的に入る」と岡田監督はメディアを通して公言していたが、日本は立ち上がりから積極的に攻撃を仕掛け、2点を先行する。「相手を欺くには、まずは味方から」とは、いかにも岡田監督らしい。名波浩の開始1分でのゴールは、とても美しかった。韓国の反撃を封じた日本は、敵地で2対0の勝利を飾り、カザフスタンとの最終戦に望みをつないだ。

試合終了後、日本のベンチ脇に400ミリのカメラを置き、短いレンズをつけてロッカールームに引き揚げる名波選手を追った。ものの1分にも満たない時間だった。しかし、ベンチに戻ると、一脚につけた400ミリとボディがなくなっている。カメラも痛いが、中にある撮影済みのフィルムを失うのは、もっと痛い…。

周辺を探していると、遠くから僕のレンズボディを持った、友人のカメラマンが近づいてきた。「六ちゃんの名前が入ったレンズを持って帰ろうとしたヤツがいたから、取り返しておいたよ」「えっ、どこで?」「出入り口の近く」。

当時、韓国では、キャノンのレンズボディは「高嶺の花」だった。試合前にも、すでに日本人カメラマンが盗難に遭っていた。そこで、カメラからは離れないようにと、改めて注意したのだが、日本の勝

韓国を敵地で下して安堵の名波。
ここから日本は息を吹き返した

利が、僕を油断させた。幸いにも、僕の場合は取り返すことができたが、この試合では、2人の日本人カメラマンが400ミリレンズとボディをやられている。

帰路、試合観戦に来た仲間たちと、タクシーでホテルに戻ろうとしたが、すべて乗車拒否された。アテンドしてくれた韓国の友人の「ホテルまで歩いていけば、模範タクシーがいます」という言葉を信じ、勝利の余韻に浸りながらホテルまで行ったが、そこの模範タクシーも、やはり乗せてくれなかった。日韓戦での敗北が、韓国の市井の人々に与える影響の程を、肌で感じさせられた夜となった。

息を吹き返した日本は、国立での最終戦でカザフスタンを5対1で一蹴。B組の2位として、A組2位のイランと第3代表の座を懸け、中立地マレーシアのジョホールバルで対戦することになった。中東、中央アジアをまたいで、東南アジアへ——。思えば遠い道のりだった。

4年前のドーハでは苦汁を飲まされた（1対2の敗北）相手である百戦錬磨のイランだが、ジョホールバルでは、思わず笑ってしまうほどの陽動作戦を仕掛けてきた。

アリ・ダエイと並ぶ俊足のアジジは、初日の練習中に足を打撲。翌日にはギプスを装着し、車椅子に乗って練習会場に現れた。実に漫画的な光景である。相手を欺きたいなら、そもそもアジジは、怪我と称して練習には来なければいい。そのほうが、相手の疑心暗鬼を生めるのに…。フェイクの匂いが、ぷんぷんしていた。

直前に、監督がブラジル人に代わったことで、規律が緩くなり、冗談が許される環境になったのかもしれない。たまたま、僕はイラン代表とホテルが一緒だったが、パブリックのスペースでは、アジジは一生懸命、車椅子を漕いでいた。しかしあるときは、ギプスなしでエレベーターに乗っているところを、一緒になったこともあった…。

決戦の舞台となったラーキン・スタジアムのピッチは、悪いときの等々力のような、足場を踏ん張れない、グズグズのコンディションだった。下半身が強いイランに有利と思われたが、先行したのは日本だった。中山雅史である。しかし、後半の立ち上がり、ギプスを取った（！）アジジがこぼれ球に反応し、簡単に同点としてしまう。さらにアリ・ダエイが、打点の高いヘッドをゴールに突き刺し、勝ち越した。

この試合、僕は動かず、前半は日本の攻撃を撮り、後半はイランの攻撃をゴール裏で狙っていた。ダエイ、アジジに加え、マハダビキアの写真を撮りたかったからだ。エース2人の活躍は、敵ながら見事と言う他なかった。

しかし、日本にもエースがいた。キング・カズに代わって入った、エースの城である。中田英のピンポイントフィードを空中で捉え、バックヘッド気味に相手のゴールに向けて首を振った。ボールは柔らかい曲線を描き、ネットに吸い込まれていった。それまで出番の少なかった城が見せた、乾坤一擲の一撃だった。

続く延長戦で、同じく満を持して登場した岡野雅行が、ミスを繰り返しながらも、3度目（くらい）の正直で、中田英が撃ったシュートのこぼれ球を、スライディングしながら丁寧に詰めた。

Vゴール！　イランの選手は、まだ延長戦が続くものと勘違いし、急いでボールをセンターサークルに持っていく。一瞬、スタジアムには妙な間が生まれたが、日本の勝利は変わらなかった。

これまで控えに甘んじてきた2人が、大一番で見せたパフォーマンスは、あまりにも劇的だった。カズで始まり、岡野が締めた最終予選。まさに、総力戦の末に勝ち取った、初のW杯への出場権だった。

98年フランス――
衝撃のメンバー発表と国民の怒り

アルゼンチン戦の会場となったトゥールーズのスタジアムで、試合前、日本の曲が流れた。僕の記憶では、初戦が行われる各会場ではどこも、対戦国をシンボライズする楽曲が流されていた。イングラン

延長後半13分、中田が持ち込んでグラウンダーのシュート！

中田のシュートをGKが弾いたところを岡野が押し込み「ジョホールバルの歓喜」へ！

ドは、ビートルズの「All you need is love」だった。

では、日本は？　流れてきたのは、安室奈美恵の「CAN YOU CELEBRATE ?」。異国でこれを聴いたとき、不覚にも涙がこぼれてしまった。岡田ジャパンのみならず、これまでの数々のサッカーシーンが、走馬灯のように頭の中を駆け巡ったからだ。フランスの地に立った日本をセレブレート（＝祝福）するのに、これに勝る曲はなかった。

「十年一昔」というが、僕が82年に初めてスペインの地でW杯を現地取材してから、わずか16年で、日本が本大会出場を果たすとは、思いも至らなかった。本格的なプロリーグであるJリーグが発足してから、わずか5年目での快挙だ。93年のドーハの悲劇から、97年のジョホールバルの歓喜まで、日本のサッカーを支えてきたのは、間違いなくJリーグそのものだろう。

しかし、日本は夢に見たW杯の本大会で3戦全敗を喫し、厳しい現実を見せつけられた。それは取りも直さず、日本が、そしてJリーグが世界の中で、どこらへんのポジションに位置しているかを、如実に物語るものだった。

優勝候補のアルゼンチンはともかく、暑さと湿度によって途中で動きが止まったクロアチア、組織力で劣るジャマイカには勝つチャンスがありながら、日本はそれを生かすことができなかった。

もし、そこにカズがいれば、北澤豪がいれば、何かを捉まえてくれたはずだ。おそらく、日本中の誰もがそう感じたに違いない。その意味で、誰もが、喪失感を抱いたであろう、フランスの夏だった。

日本にとって記念すべき初出場の大会となったフランスW杯だが、日本国民にとって最も記憶に残り、そして衝撃的だったのは、何といっても〝功労者〟カズの最終メンバー漏れだ。

加茂監督からチームを引き継いだ岡田監督の仕事が何だったかといえば、まずはW杯出場を果たすこと。この第一の関門を突破した後に彼を待っていたのは、W杯に出場する選手を選ぶことだった。スタメンは、目の前に対戦相手がいるわけで、それに合わせてメンバーを取捨選択することはさほど大変で

日本のW杯初戦。最少得点差（0対1）ながら力の差は歴然だった

中山（中央）の一撃は日本のW杯ファーストゴール。しかし喜びはなし…

はないだろうが、大会全体を通したメンバーとなるとそうはいかない。

長年、代表を取材してきて感じたのは、代表監督が一番緊張するのは、W杯の最終メンバー発表時だということ。ともに戦ってきたメンバーの何人かを落とさなければならないのだから、監督の思いは複雑だろう。あのフィリップ・トルシエでさえ、メンバー発表を木之本さんに任せて、母国フランスに帰ってしまったほど。これは、岡田ジャパンからの学習効果だろう。

メディアの数が国内に比べて少ない最終合宿地のニヨンで最終メンバーを発表したところに、岡田監督の苦渋の決断が感じられた。カズと北澤を外したのは、あくまでも戦術的な理由からと言っていたが、果たして本当にそうなのか…。

ちなみに岡田監督は、この発表の後、2人に帯同メンバーとしてチームに残ってほしいという要請をしたが、彼らはすぐ帰国の途に就いた。当たり前である。

カズとともに成長した世代にとって、これは忘れられない事件であり、いまでも「岡田は許せない」と怒りをたぎらせている同世代は多い。彼と北澤抜きで結果を出したというならいざ知らず、全敗だったのだから、それも当然かもしれない。

僕はこの件については、複雑な思いがあった。

カズは前述した通り、ホームでの韓国戦で受けたダメージが大きく、その後はパフォーマンスが大きく低下してしまった。本来であれば、コンディショニングが戻るまで試合に出ないほうが、カズにとっても、日本にとっても良かったと思っている。しかし、戦績が振るわず、カズをサブに回す余裕が、日本代表になかったのも事実だった。成績不振で監督が代わってしまったぐらいだから…。どん底のチームには、カズが必要だったのである。

岡田監督誕生後、ウズベキスタンで初めて練習を行ったとき、カズは「これまでは岡ちゃんと呼んでいたけど、岡田監督って言わなければいけないのかな？　いままで通りでいいよね、岡ちゃん」と、笑顔で語っていた。これは、カズのストレートな心遣いだった。選手のみならず、緊張していた報道陣も、

予選の韓国戦でカズに背後から膝が入った瞬間。
ここからエースのパフォーマンスは落ちていった

これで和やかな雰囲気になった。しかし、当の岡田監督は、笑みこそ浮かべたものの、終始、うつむいたままだった。

それにしても、戦術的な理由でカズと北澤の2人を外したというのは、いまでもよく理解できない。仮に決勝まで勝ち進めば7試合を戦うわけであり、この経験豊富な2人が必要になる時間は、〝戦術的〟にも〝精神的〟にも、必ずあったはずだ。

そう考えると、カズが外されたのは、やっぱりコンディションが上がらなかったと考えるしかない。岡田監督といえば、2010年の南アフリカでも、中村俊輔中心のチームを作り、一向に調子が上がらない彼の起用を最後まで引っ張った。直前のスイス合宿で、他の選手がオフをとって観光している最中も、中村はコンディショニングコーチの早川（直樹）さんと汗を流していたのを思い出す。

中心選手を外すというのは、本人もつらいだろうが、外す監督はそれを背負って結果を出さなければいけないのだから、心中察するに余りある。

そんな岡田さんは、いまや今治FCのオーナーにして、日本サッカー協会副会長。一方のカズは、いまなお多くのサッカーファンの思いを背負いながら、ピッチを走り続けている。いやはや、2人とも凄い人生を過ごしている！

99年コパ・アメリカ――
感動的だった高円宮殿下夫妻の外交手腕

トルシエ監督率いる日本代表は、99年、南米パラグアイで開催されるコパ・アメリカに、招待チームとして参加することになった。

アウェイの地でタイトルの懸かった試合を経験することは、3年後に自国で開催されるW杯に向けて、絶好の強化の場といわれていた。

日本が入ったグループは、地元パラグアイ、ペルー、ボリビアと、言い方は悪いが、南米の「第2グループ以下」の国ばかり。そこで、日本には決勝トーナメント進出の期待もかけられたが、結果は1分2敗と、見事なまでの〝内弁慶ぶり〟をさらけ出すことになった。

大会開幕の前日、南米サッカー連盟の会長だったニコラス・レオスの別邸で、高円宮殿下夫妻を迎えて、盛大なパーティーが催された。首都アスンシオンの郊外に位置する広大な牧場である。ゼップ・ブラッター会長を筆頭に、FIFAの理事全員が夫人同伴で出席し、殿下夫妻をもてなした。

屋外でのバーベキューパーティーの後、同じ屋外に設置された楕円形の大きなテーブルに、理事夫妻たちがテーブルを取り囲むように着座し、上座には殿下夫妻、その両隣にブラッター会長とレオス会長。そして、パーティーに招待されたゲストらが、二重三重にその周りを取り囲んだ。

生バンドによる演奏が終わった後、ミュージシャンが殿下とブラッター会長に、記念品としてギターを贈呈した。戸惑うブラッター会長を横目に、殿下は自然体でギターをチューニングするや、やおらスペイン語で「ベサメ・ムーチョ」を謳い出した。妃殿下が即座に手拍子で応え、ハミングする。ブラッター会長も、ギターを叩いてリズムを合わせる。

その場の空気が、いっぺんに変わった。僕の隣には、前日本サッカー協会会長の長沼建さんと小倉純二サッカー協会副会長が立っていた。

「凄い」

感動のあまり、2人の声は震えていた。

そのとき、メディアのひとりとして出席していた僕は、その一部始終をビデオカメラで撮影していた。

海外のVIPたちの心を、即興でたちどころに掴んだ殿下夫妻の「ありよう」は、皇室に対する僕の考え方を、根底から覆した。

コパ・アメリカに初めて参加した日本代表は、残念ながら結果を残せなかったが、日本は結果以上のものを、パラグアイに置いてきた。

後年、この貴重なシーンを収録したビデオテープを、妃殿下に直接、手渡すことができた。

ちなみに、このときの日本代表には、のちに沖縄で不慮の死を遂げることとなる、奥大介もいた。

高円宮殿下夫妻の両脇にはブラッター
FIFA会長（右）とレオスCONMEBOL会長

2000年にモロッコで行われたハッサン2世国王杯のジャマイカ戦前

奥はコパ・アメリカで、ペルー戦とボリビア戦で交代出場した。代表での通算記録は26試合2得点

2002日韓W杯——沿道の人の列に感動

わずか2回目のワールドカップで、開催国のアドバンテージをいかんなく発揮し、決勝トーナメントに進んだ2002年W杯。トルシエジャパンの快挙は、まさに「Proud of Japan」と呼ぶのにふさわしかった。

トルシエ監督が導入したフラットスリーは、代表のみならず、グラスルーツのサッカーにまで、計り知れない影響を与えた。本来、その国のトップのサッカーは、その国のサッカー全体の指針になるべきものであり、オフト監督やトルシエ監督は、代表のサッカーと僕らのサッカーが、密接につながっていることを教えてくれた。

グループステージ第3節のチュニジア戦、僕は試合当日に、偶然にもブラジル代表と同じ便に乗って、ソウルから帰国した。スーツケースをピックアップして、すぐ長居に駆けつけたかったが、あいにくのロストバゲージ…。しかし、バゲージクレームの脇に並べられた、ブラジル代表団の膨大なバゲージの中に、自分のスーツケースが混じっているのを発見した。

関西空港からは、タクシーで長居に向かったが、スタジアムに近いエリアでは、選手バスを通すために交通規制が行われていた。そのせいで、普段は混んでいる道がガラガラ。そして、スタジアムに向かう沿道には、日本代表のバスを出迎える人々が延々と並んでいた。86年のW杯では、準々決勝で開催国メキシコが敗退した際、国民がスタジアムの沿道に無言で並び、僕らメディアは怖い夜を味わう羽目となったが（詳細は後ろのページにて）、そのときとは正反対で、「とうとう、日本もここまで来たか」と、まさに感無量だった。

地元開催のW杯では、ピッチの内外でさまざまな歴史的な出来事が起こったが、僕が最も忘れられないのは、このタクシーの車窓から見た光景である。

トルシエ監督。左は山本昌邦コーチ、右はフローラン・ダバディ通訳

日韓W杯・グループステージのベルギー戦、鈴木隆行による日本の１点目

海外メディアから「バットマン」とあだ名をつけられた宮本恒靖。
後方には最終ラインを堅守した松田直樹の姿も

日本人のサッカーに対する〝希望〟が沿道に折り重なり、連なっていた。当時のキャプテンだった宮本恒靖も、スタジアムへ向かうバスから見たこの光景を「忘れられなかった」と、のちに語っている。

日本サッカーの恩人
ジーコの監督としての限界

日本のサッカーシーンに一番影響をもたらした外国人といえば、アルトゥール・アントゥネス・コインブラ、ジーコしかいないだろう。

82年スペインW杯で、初めてその雄姿を見たが、ファルカン、ソクラテス、トニーニョ・セレーゾと合わせて「黄金の4人」と呼ばれたカルテットは、たしかに素晴らしかった。セレソンのカナリア色のユニフォームが、ピッチで躍動をしていた。しかし、サッカーはいくら中盤が豪華でも、点が取れなければ不幸な結末が待っている。それを証明したチームでもあった。

続くメキシコW杯では、ジーコはケガ明けのため、大会を通して本調子ではなかった。準々決勝のフランス戦では、途中出場でいきなりスルーパスから勝ち越しのチャンス——後半30分で、フランスが完全にバテていたこともあり、これが決まれば決勝点となった可能性が高い——となるPKを生み出したが、自ら蹴ったシュートはコースが甘くて止められ、試合は同点のまま延長戦、そしてPK戦へ。ここではジーコは決めたものの、ソクラテス、ミシェル・プラティニという双方の名手が外した11メートルの戦いは、フランスに凱歌が上がった。

ジーコは89年にいったんは現役を退き、母国のスポーツ大臣などを務めたりもしたが、91年に復帰して当時JSL2部だった住友金属（鹿島アントラーズの前身）に加入。93年のJリーグ開幕戦では、ハットトリックを決めた。その試合を中継していたのが、過去に「ダイヤモンドサッカー」をオンエアしていたテレビ東京だった。メイン側タッチラインに移動車のレールを設置して、アルシンド、ジーコの連係によるゴールをワンシーン・ワンカットで捉えたこのシーンを、いまでも鮮明に覚えている読者も多いのではないだろうか。

その後の彼の活躍については周知の通りであり、94年の2度目の現役引退後は、総監督の立場で鹿島を牽引してきた。

ジーコは02年日韓W杯の後、退任するトルシエ監督の後を継いで、日本代表の監督に就任した。彼は、全権統治を好む管理型の前監督から、小野伸二を筆頭とする黄金世代の選手たちの自主性を重んじたスタイルに、180度方向変換を試みた。

振り返ってみれば、黄金のカルテットと呼ばれた4人の中で、ソクラテス以外の3人は、いずれも日本の監督を経験している。あのときの「黄金の3人」と日本のつながりを思うと、とても感慨深いものがある。

なかでも、とりわけ日本のサッカーを熟知しているジーコには、大いに期待が高まったが、時が経つにつれ、監督としての指導経験のなさが露呈される。特定の選手に肩入れした極端な選手起用、そして自身が現役時代に、監督との軋轢を幾度となく経験してきたためか、その反動とも取れるほど、選手に依存した起用や采配が目立つようになった。

それが良い方向に向かったのが、04年に中国で行われたアジアカップだった。ジーコの寵愛を受けた中村俊が、代表で最も輝いたのもこの大会。選手の自立という点では、準々決勝ヨルダン戦でのPK戦の途中、審判に対し、ピッチ不良を理由にコートを変更させた宮本の交渉力は、その最たる例と言えよう。日本は、決勝で開催国の中国を3対2で下し、前回のレバノン大会に続いて2連覇を飾った。

余談だが、このアジアカップは、日本に対する中国国民の感情と正面から向き合うことになった大会でもあった。日本が試合を行った重慶、斉南は、第2次世界大戦中、日本軍による攻撃で甚大な被害を受けた都市だった。日の丸、君が代に対するブーイングや拒絶反応は、アウェイの洗礼というより、歴史的な洗礼という意味合いのほうが強かった。選手の大半は、なぜ、あれほどのブーイングを受けているのか、最初の頃は理解できなかったようだ。

中国との決勝戦、僕は試合後の安全を考えて、会場となった北京工人体育場に併設されているホテルに部屋を確保していた。このスタジアムは、ゴール裏のスタンドの下が、宿泊施設になっているのだ。緩やかに曲がった廊下の窓から、ピッチが見渡せた。

試合前のスタジアム周辺は、早い時間から異常なテンションで盛り上がっていた。僕は、当時の中国代表の監督だったヴィム・ヤンセンにちなんで、オランダカラーのTシャツを着て、スタジアム周辺を歩き回った。この日、詰め掛けた中国人の多くは、赤いユニフォームやTシャツに身を包んでいたが、次に多かったのがオレンジカラーだった。つまり、〝保護色〟に身を包んだわけだ。それでも試合後は、スタジアムの外に出るのは、はばかられた。スタジアムを背に並んだ警察官の向こう側に、多くの人がうごめいていた。それは、いつ爆発してもおかしくないマグマのように見えた。

ジーコが他の監督たちと違っていたのは、「練習は基本的にすべて公開する」というポリシーを貫いたことだった。チームも、メディアも、ファン・サポーターも、練習を共有してこそ成長していく。代表チームは国民の共有財産、という考え方がベースにあった。いまでは、とうに忘れ去られている考えだが…。

あまりの得点力不足に、アウェイのシンガポール戦で苦戦して以降、ジーコジャパンの練習は、ひたすらシュート練習とゲームに特化していった。残念ながら、個人の能力――それこそがジーコの求めていたものかもしれないが――に依拠するばかりで、戦術的な進化はあまり感じられなかった。僕が取材した範囲では、W杯本大会前、マルタとの調整試合（1対0で勝利）の後、コートの半面を使って、兄のエドゥが本番を想定した守備陣形を、ジーコが反復練習で攻撃の形を確認したのが、唯一の戦術練習だった。

トルシエ監督からの継続性という点では、ジーコのやり方はあまりに前任者と対照的であったため、4年間でどれだけの積み上げがあったか、正直、僕にはわからない。自国開催のW杯で決勝トーナメントに進んだ後、その4年後のドイツで、さらなる上

「黄金の中盤」で世界を魅せた82年スペインW杯でのジーコ。その知名度は抜群で、日本代表監督時には、対戦相手の選手や監督が握手やサインを求めに来たものである

選手の自主性やイマジネーションに頼る手法は、日本には合わなかった…

を目指したが、1分け2敗という無残な成績だけを残し、ジーコジャパンは終焉を迎えた。敗軍の将はその理由を「フィジカルの差」と述べたが、果たして本当にそれだけだったのか…。

完成形を見てみたかったオシムジャパン

ドイツW杯の後、代表監督の選考は、再び極端にブレた。協会内部で決定権を持つ〝個人〟の権限が、あまりにも大きかったからだ。そして、当時、ジェフ千葉の監督を務めていたイビチャ・オシムが、シーズン中にもかかわらず、引き抜かれた。その衝撃で、ジーコ監督の任命責任を問う声は吹き飛ばされた。いや、メディアのほとんどは、それを口実に、あえて無視したのである。

オシム監督は、就任会見で「日本サッカーの日本化」と抱負を語った。サッカーを自動車に例えての「押すのはあなたたちだ」とのメッセージは、じつに明快だった。

そのために、まず彼は何をやったか。ファルカン監督のとき以上に、代表候補合宿には衝撃的な顔ぶれが集まった。ジーコ時代からのメンバーだった巻誠一郎に加え、阿部勇樹、佐藤勇人、水野晃樹、羽生直剛、山口智、村井慎二、山岸智と、多くの千葉の選手の姿が、そこにはあった。

「オシムサッカー」の申し子たちを入れることで、自分が目指すスタイルを浸透させる狙いは理解できたが、まさか、ここまで千葉の選手が入るとは思わなかった。しかし、ランニングやストレッチなしに、いきなりボールを駆使した練習を目の当たりにして、納得せざるをえなかった。

「練習にこそ代表＝日本サッカーのすべてがある」と公言するオシム監督は、試合前日の紅白戦も含めて、すべての練習をオープンにした。しかし、ボール回しを中心とした練習の複雑なこと。初めのころは、見ていても頭が混乱して、何が狙いの練習なのか理解できなかった。それは選手も同様だったようで、千葉の選手に確認する姿が、ピッチのあちこち

（P145に続く）

ジャンルイジ・ブッフォン（ユベントス）。2002-03
チャンピオンズ・リーグ決勝・ミラン戦のPK戦

ディノ・ゾフ（イタリア代表）。1982年スペインW杯優勝後

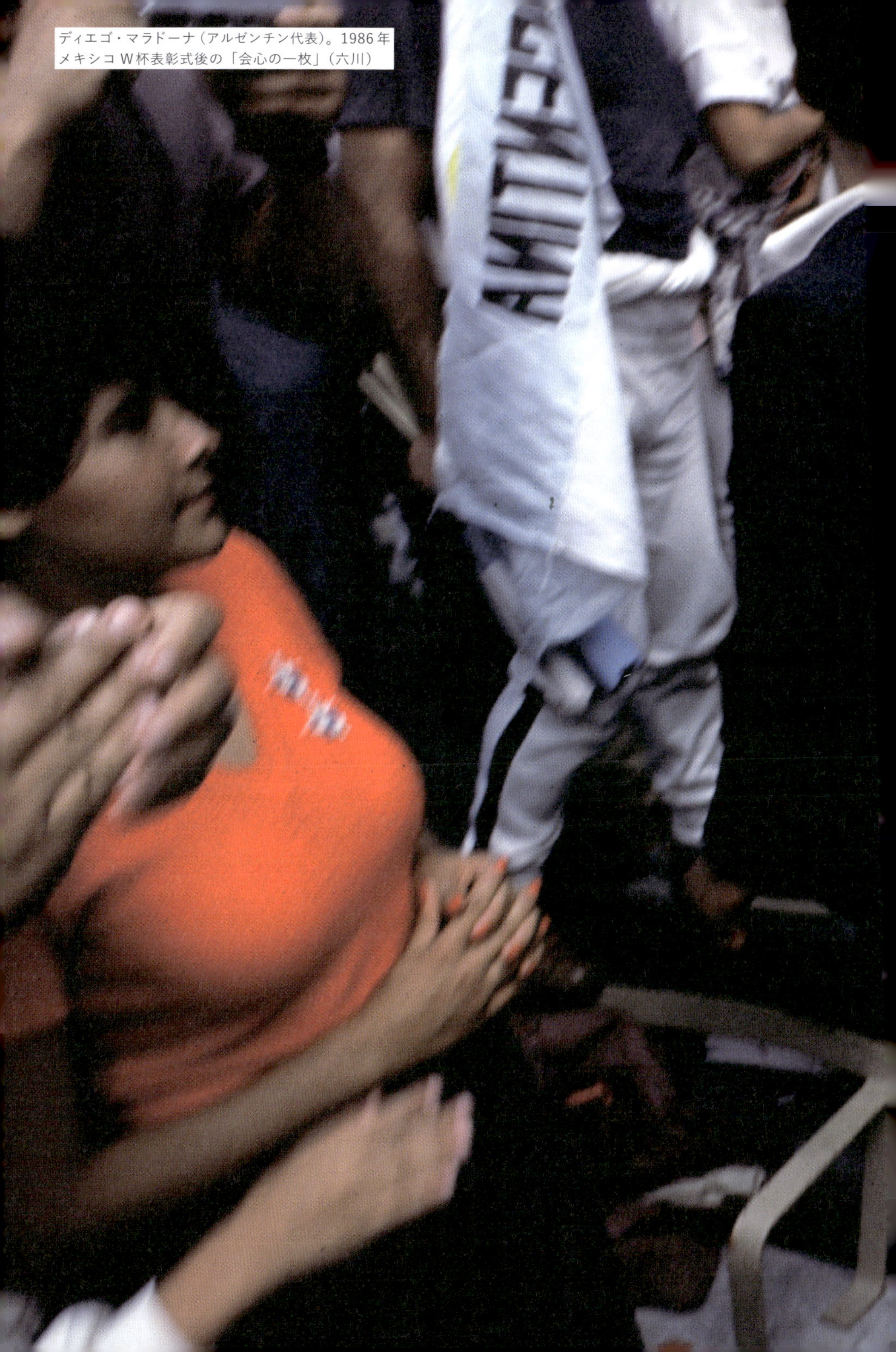

ディエゴ・マラドーナ（アルゼンチン代表）。1986年
メキシコW杯表彰式後の「会心の一枚」（六川）

マラドーナ。1994年アメリカW杯・グループステージのギリシャ戦。
ゴール後の表情はあまりに鬼気迫っていた。そして次戦で…

adidas
AFA
10
10

釜本邦茂（ヤンマー）。1984年の引退試合前。ペレ（右）、ヴォルフスガンク・オベラートという世界のスーパースターが駆けつけた

YANMAR
YANMAR

デイビッド・ベッカム（イングランド代表）。2002日韓W杯欧州予選のギリシャ戦。
アディショナルタイムの彼のFKによって本大会行きを決めた。
「ピッチがかまぼこ状のオールド・トラフォードで撮れる写真は独特」（六川）

TOMIICHI
WN
PUMA
PARA MEX

第92回全国高校サッカー選手権・決勝。改修前の国立での最後の大会は、富山第一が延長戦の末に星稜を下した

GAZPROM

内田篤人（シャルケ）。2004年2月に負った右膝の怪我に、いまなお苦しめられている。復活に向けて奮闘する彼に幸あれ！

2010年南アフリカW杯・グループステージのブラジル対コートジボワール戦。激闘が生んだ一瞬の「造形美」

で見られた。

　オシムジャパンで、忘れられない練習風景がある。代表候補に選ばれた田中マルクス闘莉王が、合宿初日に、トレーナーを通して別メニューのランニングを申し入れた。しかし、オシム監督は即座に拒否。「トレーニングができない状態で合宿に来ることは、他の選手の可能性を奪うことだ」と、厳しく叱責した。

　選ばれた選手にしてみれば、怪我を押してでも参加したい代表合宿である。闘莉王の気持ちや言い分も理解できるところだが、このときのオシム監督の厳しい振る舞いには、理由があった。指揮官は闘莉王に、無理をして合宿に参加するより、怪我の回復を優先してほしかったのだ。無論、代表の扉は常に開いている、というメッセージも忘れない。闘莉王だけでなく、すべての日本人選手に…。

　それがオシム流なのだ。

　残念ながらオシムジャパンは、骨格を作っている最中に、本人が病（脳梗塞）に倒れ、その完成形を見ることは叶わなかった。そんな悲運のボスニア・ヘルツェゴビナ人名将の後を継いで監督に就任したのが、岡田武史だった。まさに、歴史は繰り返される。日本のサッカーも、例外ではなかった。

代表監督としてすべてを経験した
唯一無二の存在、岡田武史

　外国人ならまだしも、日本代表の監督を、同じ日本人が指揮する場合のプレッシャーとは、いかばかりだろうか。本人へのプレッシャーはもとより、その影響は家族にまで及ぶ。

　ましてや岡田監督の場合、加茂監督の辞任を受けて、急きょアウェイの地、カザフスタンで、選択の余地のない状況に追い込まれての監督受諾だった。いわば、監督初体験はマイナスからの出発だった。負けないサッカーに徹し、勝点1を積み重ね、勝負どころの韓国戦で一気に仕掛けて、結果を出した。

含蓄のある言葉と理論に則った練習と采配。オシムジャパンの完成形はいかなるものだっただろうか？

アジア第3代表枠を決めるジョホールバルのイラン戦では、これまで控えに甘んじていた城や、岡野を効果的な時間帯に投入し、延長戦での劇的なゴールでW杯初出場を果たした。

最終メンバーの選考では、カズ、北澤という2人の功労者を最終メンバーから外して、国民の怒りを買った。そして本大会では、残念ながら3戦全敗…。考えに考え抜いた「岡田イズム」も、世界で通用しなかった。

08年に訪れた2度目の代表監督就任も、オシム監督が突然の病に倒れ、乞われての途中登板だった。

代表監督の酸いも甘いも、すべてを経験した上で、彼を再び挑戦に駆り立てたものとは、一体何だったのか？

南アフリカまでの道のりは、決して順風満帆ではなかった。途中でチームを投げ出すような発言をし、顰蹙《ひんしゅく》を買ったりもした。水面下で不穏な動きがあったとしても、それはストイックな岡田監督らしくなかった。そして、チームは最後まで不安を抱えたまま、南アフリカでの本大会を迎えた。

しかし、そこから日本は快進撃を始める。オランダには敗れたものの、カメルーン、デンマーク相手に勝利を飾り、グループステージを突破した。決勝トーナメント1回戦では、パラグアイにPK戦で敗れたが、日本の健闘ぶりは世界から大いに称賛を受けた。

岡田がカザフスタンから背負い続けた代表監督という重しは、彼をより自由にしたのか、それとも不自由にしたのか。

もし3度目の就任オファーが来た場合、彼はまたしても、その〝修羅〟に立ち向かうだろうか？

岡田武史の歴史は、日本サッカーの歴史でもある。

好スタートを切るも
本番で綿密さを欠いたザックジャパン

監督就任からわずか4か月、カタールで行われたアジアカップで、アルベルト・ザッケローニ監督率

KIRIN

オシム監督の代役として、重い十字架を背負って２度目の代表監督を引き受けた岡田監督

南アフリカＷ杯・決勝トーナメント１回戦のパラグアイ戦

大会前の悲観ムードからは一転、アフリカ大陸での快進撃に岡田株は急上昇した

代表コーチに就任した1995年、ダイナスティカップに優勝

ジョホールバルの歓喜。安堵した岡田監督だが、フランスW杯後まで気苦労は続いた

KOMANO
3
22
22
4

南アフリカW杯・パラグアイ戦のPK戦、3人目の駒野友一が失敗。
死力を尽くしたが、少なからず悔いが残ったのも事実だ

いる日本代表は、アジア王者に輝いた。幸か不幸か、それが結果的に、先発メンバーの固定化に結びついていった。

結果を出したメンバーで、チームの骨格を作る。練習時間が限られた代表では、セオリーとも言えるチーム作りだが、時が経つにつれて両者の間には齟齬《そご》が生じ、少しずつ亀裂が広がっていった。そのとき、監督が打てる手はひとつしかない。メンバーの入れ替えである。

しかし、ザッケローニ監督は、チーム作りの過程でそれをほとんどやってこなかったため、軸になる選手、替えの選手がいないというジレンマに陥った。本田圭佑、長谷部誠、遠藤保仁は外せなかった。ハーフナー・マイクや大久保嘉人を入れ、攻撃パターンを増やそうとしたが、当の中心選手たちがそれを嫌い、試合中、〝新入り〟が生きるパスはほとんど見られなかった。監督の狙い、チーム作りより、選手たちの野心のほうが勝っていたのだ。もっとも、それで結果が出れば、誰も文句は言わないが…。

良い意味でも悪い意味でも、チームの要であった本田と長谷部が、ブラジルW杯の前に体調を崩したのも、チームにとっては大きなダメージとなった。加えて大会期間中、日に日に寒さが増した合宿地イトゥの選定も、選手のコンディション調整を狂わせてしまった。

「綿密なフットボール」を日本代表に求めたザッケローニ監督だったが、その綿密さは、最も重要なW杯本大会では、ほとんど発揮されることなく終わった。皮肉としか言いようがない。4年前に決勝トーナメント進出という結果を残し、さらなる希望を抱きながら、喜望峰を経てブラジルに上陸した日本代表だったが、僕たちが目にしたのは、再び針が元に戻った光景だった。

そしていま——

アギーレからハリルホジッチへ

15年1月23日、オーストラリアで行われたアジア

最高のスタートを切り、日本人に愛されたザッケローニ監督だったが…

カップの準々決勝、日本の相手はＵＡＥだった。日本は攻めに攻めたが、得点を上げることができず、ＰＫ戦の末に敗退を喫した。

日本代表の監督は、86年Ｗ杯で開催国メキシコの代表選手としてプレーしたハビエル・アギーレだった。前年の8月に就任したばかりだったが、11年にスペインのレアル・サラゴサを率いていた際の八百長疑惑が浮上した結果、わずか半年で解任の憂き目に遭った。

ザッケローニ時代の遺産（＝選手）を受け継いで、チーム作りを始めたアギーレ監督だったが、選手たちに染みついた癖（＝自分たちのサッカー）を取り除こうと、トライしている最中に職を解かれたのは、監督もさることながら、何よりも当事者の選手たちにとって不幸なことだった。

そして、後任として白羽の矢が立ったのが、ヴァイッド・ハリルホジッチ監督である。その名を聞いて即座に思い浮かぶのが、ブラジルＷ杯の決勝トーナメント1回戦、ドイツ対アルジェリア戦だ。同大会を制したドイツを一番苦しめたのが、〝ハリル〟が率いたアルジェリアだった（スコアは1対2）。

縦を意識した素早い仕掛けは、ショートのみならず、ロングカウンターにおいても脅威だった。日本代表では、あまり見ることのないサッカーに特化していた。それは選手の身体的特徴を最大限に生かした、「貧者のフットボール」と言っても良かった。

ハリルホジッチ監督も、ザッケローニ同様に、ほぼ練習は非公開である。密室の中でどんな指導が行われているのかは、選手の口を通してしか伝わってこない。加えてミックスゾーンでの取材にも、厳しい規制をかけている。一体、誰のための代表なのか、わからなくなるときもあるが…。

日本のストロングポイントは何なのか――。それを突き詰め、改めてチームを構築していかないと、早晩、成長がめざましい中東勢に追いつかれてしまう。

選手の個性を活かしつつ、自分の求めるスタイルをチームに落とし込んでいくというハリルホジッチ監督の手法は、ここまで最終予選を戦ってきた中では、期待したほど、うまく機能しているようには見えない。

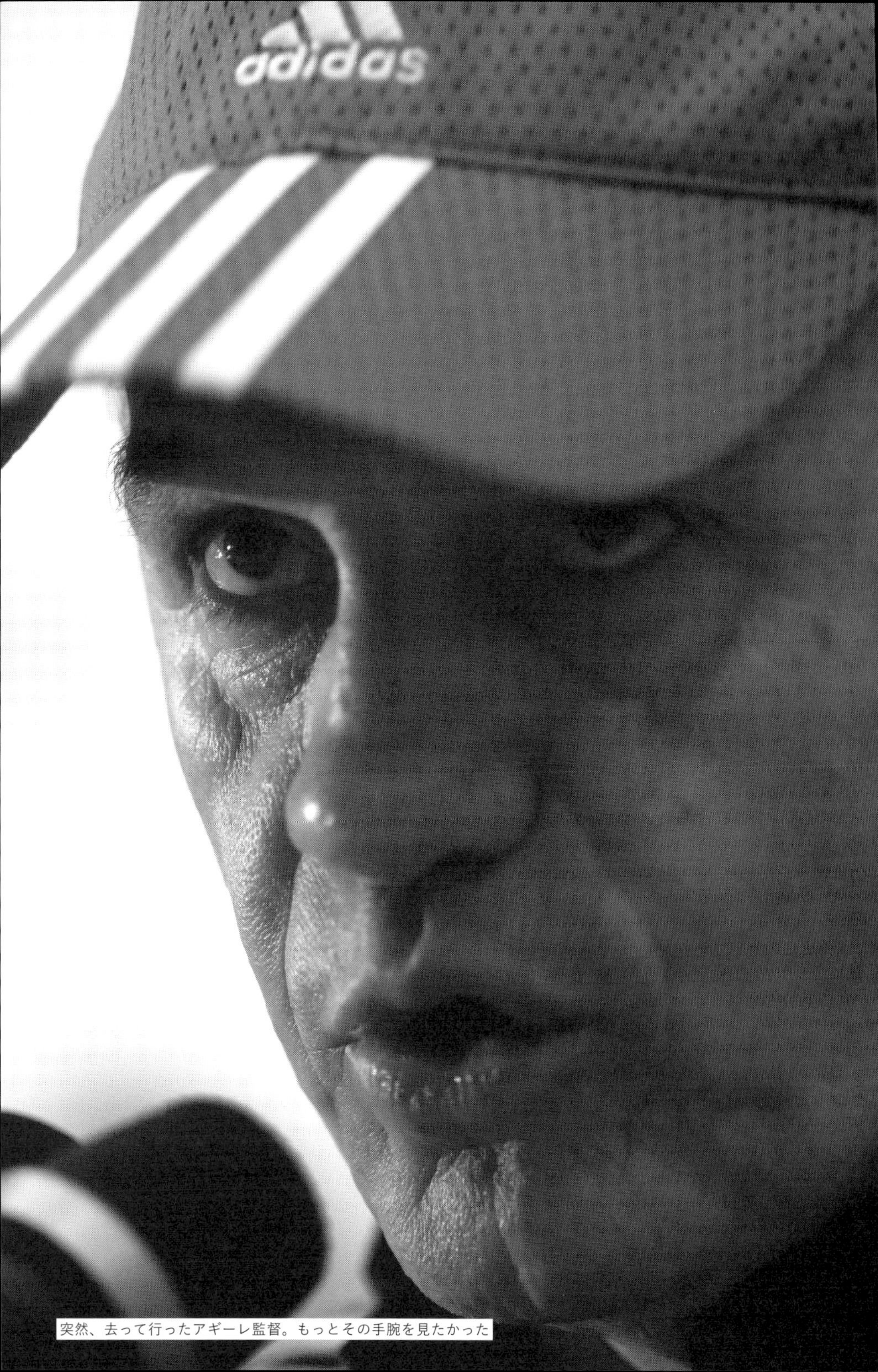

突然、去って行ったアギーレ監督。もっとその手腕を見たかった

現代表監督ハリルホジッチ。これまで率いたチームとは勝手が違うのか、苦悩する場面も見られるが…

高校サッカー――
日本が誇るかけがえのない〝世界遺産〟

高校サッカーとは、日本サッカーの「サンクチュアリ（聖域）」と言っていい。6・3・3制の教育システムが変わらない限り、高校サッカーはこの国では永遠不滅。かけがえのない〝世界遺産〟だ。

勝者、敗者、スタンドの応援団――高校サッカーの場合は「サポーター」と呼ばないところが、面白い――を含め、歓喜と悲嘆が交錯し、感情のるつぼと化す。ブラスバンドの存在も、これまた素晴らしい。まるで、野外のコンサート会場にいる気持ちにさせられる。サッカーと音楽の「ライブ」。10代の若者たちが僕たちに与えてくれるものは、何物にも代えがたい。これは、良質なスキー場同様、日本のストロングポイントとして、もっと海外にアピールをしたほうがいい。年末はスキーをして、東京の正月を楽しみ、そして高校サッカーを体験するのだ。感動ぎっしりのおもてなしである。

冬の高校サッカー選手権が、日本サッカーに与えた影響は計り知れない。76年の55回大会で首都圏の開催になってから、ＪＳＬと選手権のあまりの落差に、僕はスタンドで頭を抱えていたものだったが、高校サッカーがいまのＪリーグや日本代表の観客を育てていたのは、まぎれもない事実である。そういえばラグビーでも、早稲田、明治といった大学の好カードは国立競技場を一杯にしていたが、社会人ラグビーでは寂しい限りだった。

首都圏開催となってから大会テーマソングとなった「ふり向くな君は美しい」も、これまた不滅のサッカーソング。高校のラグビー部をテーマにした60年代の日本テレビのドラマ「青春とはなんだ」の挿入歌だった「貴様と俺」も、80年代まで、よく応援団が演奏をしていた。この2つは、いまでも僕の定番であり、冬のゴール裏で、毎年、口ずさんでいる。いつの頃からか、アントニオ猪木の「炎のファイター」に取って代わられたが、これはこれで、聞

かつては日本サッカーで最も客の入るイベントだった高校サッカー。
熱狂と感動の大きさは、いまも変わりはない

adidas
BUNA

いたとたんに走り出したくなる！

僕にとっては、首都圏開催となった76年以降、選手権は肌で感じる大会となった。帝京が僕の地元・板橋とあって、わが〝ホームスタジアム〟西が丘の試合が多く、自然な流れで、帝京ファンになった。それまでは、ここの生徒とは、すれ違うだけで怖いというイメージがあったが…。

76年以前、関西で開催されていたときにも、帝京は優勝しており、すでに知名度は全国区だった。引き分けの末に抽選で次ラウンドに進み続け（当時はまだPK戦が導入されていなかった）、一度も勝たないで全国3位になったこともある。

77年、四日市中央工業を5対0で粉砕して優勝をしたときには、国立のメインスタンドで観ていたが、大いに溜飲が下がった。パレードでは、新聞紙で紙ふぶきを大量に作り，沿道からばらまいた。板橋といえども（！）東京23区、ベタな紙ふぶきは当時、もう少数派だったが、心の底から祝福したかったので、恥ずかしさはまったくなかった。

これまで、僕が目の当たりした高校サッカー史上一番の衝撃的場面といえば、81年、西目農業（現・西目）の小松晃が放った、50メートルシュートである。これを駒沢で生観戦できたことは、大げさかもしれないが、僕の高校サッカー観戦における最大の「勲章」だ。試合は、対戦相手だった北陽の応援席の隣で観戦していたが、関西系は野次が露骨で、聞いていていて実に面白い。加えてその挑発に、試合中にもかかわらず、ピッチサイドの小松が乗っていたのだから、楽しくないわけがない。

そんな最中、北陽が得点を決め、GKを含めて全員が喜んだが、西目農業は素早く試合を再開し、小松が相手を黙らせる一撃を打ち込んだ。ボールは、戻り切れていないGKの頭上を越えていった。シーンとする応援席の横で、ひとり大喜びしながら、何回もジャンプしていたのが僕。さすがにバツが悪くなり、その後は静かに観戦した。

このゴールシーンは、さすがにカメラマンは撮れていないだろうと思ったが、翌日のスポーツ新聞の

高校サッカー史に残るロングシュートを決めた
伝説の男は現在、明徳義塾高を指導している

一面に、スタンドの上段から撮ったロングショットのゴールシーンが、でかでかと掲載されていた。記者がとっさに撮ったのか、スタンドに配置されたカメラマンによるものかはわからなかったが、スーパーゴールとともに、プロフェッショナルの凄さを痛感したものである。

ちなみに小松はこの後、高校選抜に選ばれるのだが、合宿初日に髪の毛を金髪に染め、開口一番「俺は秋田のプレスリー」と言って現れたのだとか（当時、取材をしていた弟の情報だ）。あの釜本さんが、自分の後継者と語り、当時、自身が監督を務めていたヤンマーに呼び寄せたが、残念ながら、釜本の後を継ぐストライカーにはなれなかった。現在、小松は明徳義塾高校サッカー部の監督である。

高校サッカーの醍醐味は、そこで注目した選手の、その後の成長過程を、大学やＪＳＬでフォローできることだった。

衝撃的だったのは、帝京の磯貝洋光だ。１年生でありながら、10番をつけていた。たしか、東京都の決勝戦（相手は暁星）だったと思うが、ボールの置き方からして別格で、次のプレーを考えたベストのポジションを意識しながら、ボールを納めていた。自陣から放たれたボールを左足のアウトサイドで受けて、ワンタッチでそのままスムーズに反転してドリブルを開始――。まさに、目からうろこだった。当時、何か〝悪さ〟でもしたのか、彼は坊主頭であり、おまけに陽に焼けて色黒になっていたので、実はブラジル人なのではないかと思ったほどだ。

91年の三重県予選決勝も、印象深い一戦だった。四日市中央工業対四日市工業というカードで、小倉隆史擁する四中工が圧倒的に攻めたが、四日市工が守り切ってＰＫ戦にもつれ込んだ。

そして、小倉が決めれば勝利ということになり、彼がペナルティスポットに向かうと、追っかけの女子学生軍団から黄色い歓声が上がる。そのときの小倉の反応に、僕は思わずのけぞり返ってしまった。なんと彼は、それらの歓声に投げキッスで応え、そのまま余裕を持って、あっさりとウイニングＰＫを決めたのだ。

こういうことが自然体でできる高校生が出てきたのだな、と、時代の変化、日本サッカーの進化を感じたものだった。

城彰二（鹿児島実業）や川口能活（清水市立商業）の存在も、同様に新鮮だった。サッカーの才能はもちろん、地方の高校生とは思えないほど垢抜けていたのだ。

高校選抜チームとしてスイス・ベリンツォーナでの国際大会に参加した際、城は私服をブランド物でバッチリ決めていたのに対し、川口はジャージ姿。写真撮影をお願いしたが、2人の服装の〝落差〟があまりにも大きいので、川口とブティックへ、上着とパンツを買いに行った。川口が買ったのは、入団することが決まっていた横浜マリノスのチームカラー、ブルーのブルゾンだった。

すると、女子店員が僕に近づき、「あのナイスガイは何者だ？」と聞いてきたので、「ジャパニーズ」と答えたら、びっくりして「ノー、タイランド！」と言ったのには、思わず笑ってしまった。

93年、途中出場で国立競技場の空気を変えてしまったのが、山城の石塚啓次だ。国見との決勝、怪我で万全の状態ではなかったが、後半17分に登場したとき、競技場全体がどよめいた。スタイル、ルックス、スキルはモダン、いや、ポストモダンと言って良かった。その後のキャリアを見ると、残念ながら彼の個性は、集団スポーツであるサッカーとは、相性が悪かったのかもしれない。

04年には、鵬翔の一員として選手権に出場した興梠慎三が、本田圭佑がいた星稜とも対戦したが、当時としてはモノが違っていた。

長く高校サッカーを撮影してきた中で、有り余る才能を持った多くの選手に出会ってきたが、その才能を日本サッカーに還元できるまでに成長した選手は、決して多くない。そこには、さまざまな要因があるのだろうが、消えていった、あるいは消えざるをなかった彼らには、プロフェッショナルになるための何かが足りなかった。

本田圭を見るまでもなく、近年、高校サッカーや大学サッカーは、Jクラブの育成組織のフォローをする役割も果たしている。ユースやトップに上がれ

スイス・ベリンツォーナにて。欧州の女性にも一目置かれた川口、そして城のファッションは…凄い！

国立の空気を一瞬にして変えた石塚。
見た目もプレーも超高校級だった

なかった選手の受け皿にもなっており、そうした選手間の移動が、地域のサッカーや日本全体のレベルを押し上げる一因にもなっている。高校サッカーの力は、決して部員の多さだけではない。

女子サッカー――世紀の瞬間を見逃した痛恨の選択ミス

11年、女子日本代表、通称「なでしこジャパン」は、ドイツで行われた女子ワールドカップで世界の頂点に立った。僕はそのとき、南米アルゼンチンで開催されていたコパ・アメリカの取材で、東奔西走の日々を送っていた。

女子を取るか、日本が招待を受けたコパ・アメリカにするか。迷った挙句、ドイツではなく、アルゼンチンを選んだ。コパ・アメリカには特別な思いがあったからだ。しかし、日本代表は、諸般の事情で参加を取りやめてしまった。

結果的に、読みは裏目に出た。大会のチョイスを完全に間違ってしまったのだ。おまけに、肝心の大会は、目玉のアルゼンチン、ブラジルが途中で敗退してしまい、隣国のウルグアイが優勝。とても盛り下がった大会となってしまった。

女子サッカーが、ファンの間に認知されてきたのは、80年代後半だった。男子に比べて後発ながら、世界的に見て選手層が薄いぶん、その成長曲線は男子より急で速かった。アジアで結果を出したのも、W杯出場も、女子のほうが先である。五輪のメダルに関しては、男子が64年メキシコ五輪で銅メダルを獲得したのに対し、女子は12年のロンドン五輪で銀メダルに輝いた。日本のサッカー総体を「世界基準」という物差しで計るなら、いまや日本の女子は、男子より高いところにいる。

その第一期黄金世代を作った選手たちが、現在のなでしこジャパンの監督である高倉麻子、コーチの大部由美、伊賀FCくノ一の監督、野田朱美、そしてテレビ解説に欠かせない大竹奈美らである。他に

「なでしこ」と呼ばれるはるか前（1996年）の女子代表。それまで女子サッカーをリードしてきた半田悦子（下段左から2人目）、木岡二葉（9番）、当時のエース、野田朱美（10番）、現なでしこ監督の高倉麻子（6番）、そして初々しい澤穂希（下段左端）と、歴史を形成してきた貢献者たちがここに多く並んでいる

も、手塚貴子、半田悦子、木岡二葉と、次から次へと名前が浮かんでくる。

そして、彼女たちのDNAを継いだのが、澤穂希をはじめ、岩清水梓、宮間あや、永里優季、大野忍といった、「なでしこ世代」である。


正直、女子サッカーについては門外漢であるが、あえて私見を述べさせてもらうなら、育成年代からの選手人口も考慮して、1チーム11人は多すぎないだろうか。試合成立のハードルが高すぎる。男子と同じピッチというのも、どうなんだろうか…。8人くらいで、いまよりも狭いフィールドにすれば、攻守の切り替えがさらに素早くなり、間延びする局面も少なくなる。また、スリークオーター制にして、プレー時間を短く区切るのも、質の向上につながると思う。そのほうが、日本女子特有の、判断とプレースピードの速さがより生きてくるはずだ。

ショルダーチャージやタックルを禁止して、技術やスキルを優先したはずのフットサルも、フィジカル重視の欧州的価値観に押されて、のちにルールをサッカーと同じようにしてしまった。そうしないと、いつまでたっても、テクニカルなブラジルに勝てなかったからだ。

女子は、そういった価値観をドイツで見事にぶち壊したが、いまや日本は世界を追う立場にある。普及と強化を考えれば、より少ない人数で試合を楽しめる環境こそ、女子には必要である。

第３章　サッカーの“快楽”は
1964東京五輪から始まった

「とにかく痛い」サッカーとの邂逅

1964年、三つ違いの長兄が都立小石川高校に進学した。剣道部に入部するが、自由闊達《かったつ》な校風で、サッカーがさかんであり、休み時間や授業が休講のときには、多くの生徒たちがボール蹴りを楽しんでいた。

そんな兄に誘われ、ドッジボール――当時はサッカーボールといえば、高額な皮のものしかなく、モルテンがゴムのサッカーボールを発売したのはかなり後になってからだった――を近所のスポーツ店で購入し、原っぱで蹴り合いやボールの取り合いをした。弟はまだ小学1年生で、周りでうろうろしていた。

かかとを踏まれたり蹴られたりすると、靴がすぐ脱げてしまうので、長靴を履いてプレーをした記憶がある。とにかく「サッカーは足が痛い」と思った、中学生1年生の春だった。

この年、東京にオリンピックがやって来た。兄は、同級生からサッカーの日本代表戦のチケットを手に入れ、駒沢で行われた日本対ガーナ戦を観戦した（日本は2対3で逆転負け）。2日前に日本が優勝候補アルゼンチンを下していたこともあり、スタジアムにはたくさんの人が来たそうだ。

兄が家を出るとき、父から祝日のときに玄関に掲揚する日章旗を持って行くように薦められ、竿とともにスタジアムに持参し、日の丸を振って応援をした。当時は、大きな日の丸をスタジアムで振るのは、相当に珍しかったらしい。兄は剣道部だったが、決して「バンカラ」「硬派」ではなく、むしろその逆の団塊世代だった。

日本はガーナに敗れるも、同グループのイタリアが棄権したため、アルゼンチンを抑えて2位で決勝トーナメントに進んだが、準々決勝ではチェコスロバキアに0対4で完敗…。当時の僕らは、ステートアマの存在など知る由もなかった。

その後、僕も巣鴨学園中等科の課外授業で、五輪サッカーの決勝、ハンガリー対チェコ戦を観戦。試合はハンガリーが2対1で勝利し、金メダルを手にした。ただ、そのことより、赤いタータントラックと緑の芝とのコントラストに感激したことを鮮烈に覚えている。それに、ボールに人が密集せず、足元から足元にパスがつながるのが、とても不思議だった。僕が見ていたのは聖火台の下で、正直、サッカーの試合よりも、同時刻に行われていた他会場での柔道の試合が気になっていた…。

ＪＳＬで東洋工業のプレーに酔いしれ、海外クラブの技術力に驚く

東京五輪の後、日本サッカーの恩人、デットマール・クラマー氏の提言もあり、翌年から全国規模の「日本サッカーリーグ（ＪＳＬ）」が発足。アマチュアスポーツ界では初めてのことだった。

キックアンドラッシュが多い中で、東洋工業（マツダ→サンフレッチェ広島の前身）のサッカーは、五輪の決勝で東欧の2国が披露したのと同じような華麗なパスワークで構成されており、他の実業団のサッカーとは次元が違っていた。

大学サッカーでは、早稲田の釜本邦茂が活躍。ここで「早稲田願望」が芽生える。東京五輪の後の東洋工業、釜本との出会いが、その後の僕の進路を決めたと言っても過言ではない。

66年の早稲田対東洋工業の天皇杯決勝（延長戦の末に3対2で早稲田が勝利）にも感動した。パスサッカーの真髄、日本サッカーの楽しさを教えてくれたのは、日本代表よりも、単独チームである東洋工業だった。彼らを倒すため、三菱重工は堅守速攻のスタイルを築き、ヤンマーはネルソン吉村やジョージ小林など、ブラジル系のテクニックのある選手を迎え入れたのである。

日本代表が最初にプロチームと対戦したのも、66年のことである。スターリング・アルビオンというスコットランドのチームだった。

この試合、プロ相手にアマチュアのチームがどこ

まで通用するのか、メディアにも大きく取り上げられた。企業スポーツ、アマチュアリズムの時代にあって、アマとプロの対戦が物議を醸したからだ。

この試合では、東洋工業所属の小城得達が、目の覚めるようなロングシュートを決めた。この守備的MFは、1試合のうちに必ず一度は致命的なミスを犯すものの、それをカバーするだけの得点力もあった。インステップキックは腰が据わりながらも上体が立っていて、とても美しかった。

日本は2対4で敗れたが、試合より注目を浴びたのが、4万5千人という観客数である。隣の神宮球場で同時に行われていたプロ野球のサンケイ（現・東京ヤクルト）対巨人戦より、3千人も上回っていたというのだ（どこまで正確かわからないが）。サッカーが野球を超えた奇跡の夜が、60年代にもあったのである。

翌年6月には、ブラジルのパルメイラスが来日。日本の観客は、本場のプロの技術の高さに酔いしれた。キャプテンでブラジル代表でもあったジャウマ・サントスが、ライン際でリフティングを披露したときは、本当にびっくりした。それはサッカーというより、曲芸そのもの。実戦でリフティングを見たのは、このときが初めてだった。

60年代から70年代にかけて、「三国対抗・朝日国際サッカー大会」と銘打たれた国際大会が開催されていた。いまでもゴール裏の看板にはその名前があるが、60年代にサッカーといえば、朝日新聞だった。

この大会には、トルペド・モスクワ、CSKAモスクワ（ともにソ連）、デュクラ・プラハ（チェコスロバキア）、コンスタンツァ（ルーマニア）、AIKストックホルム（スウェーデン）、フラメンゴ、ジュベントス（ともにブラジル）といったクラブが出場。ソ連や東欧などの社会主義国のクラブが多く招かれていたのは、政治外交的な意味合いがあったのかもしれない。

当時、我が家では朝日新聞を取っていたので、この大会の入場券を無料でもらえた。

日本代表や、日本リーグ選抜より、単独チームである東洋工業のほうが強かった時代。67年に来日し

JSL最終年の1992年に集った、日本サッカーの功労者たち。上段左から松木安太郎、鬼塚忠久、与那城ジョージ、奥寺康彦、西野朗、荒井公三、岡田武史、川上信夫、菅又哲男、斉藤和夫、田辺暁男、清雲栄純、田口光久、碓井博行、落合弘、岡野俊一郎、藤口光紀、吉田弘。中段左から平沢周策、松永章、菊川凱夫、杉山隆一、野村六彦、宮本征勝。下段左から永井良和、高橋（旧姓・木村）武夫、小畑穣、川淵三郎、八重樫茂生、鎌田光夫、大仁邦彌

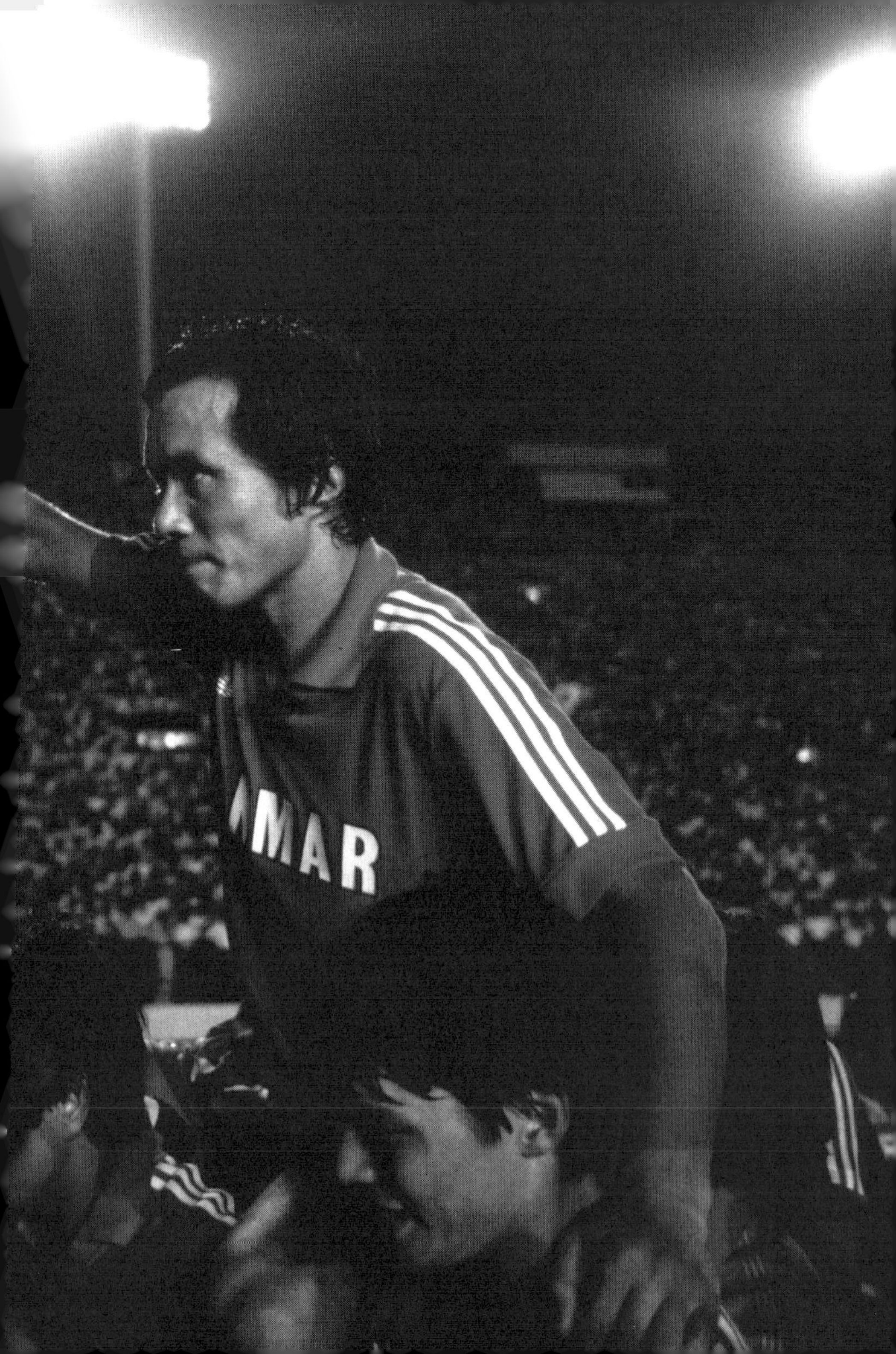
MAR

日本サッカーに最初の栄光をもたらした釜本。JSLでは251試合で202ゴールを記録した。

世界レベルのストライカーは1984年、盛大な引退試合を最後に、ピッチを去った

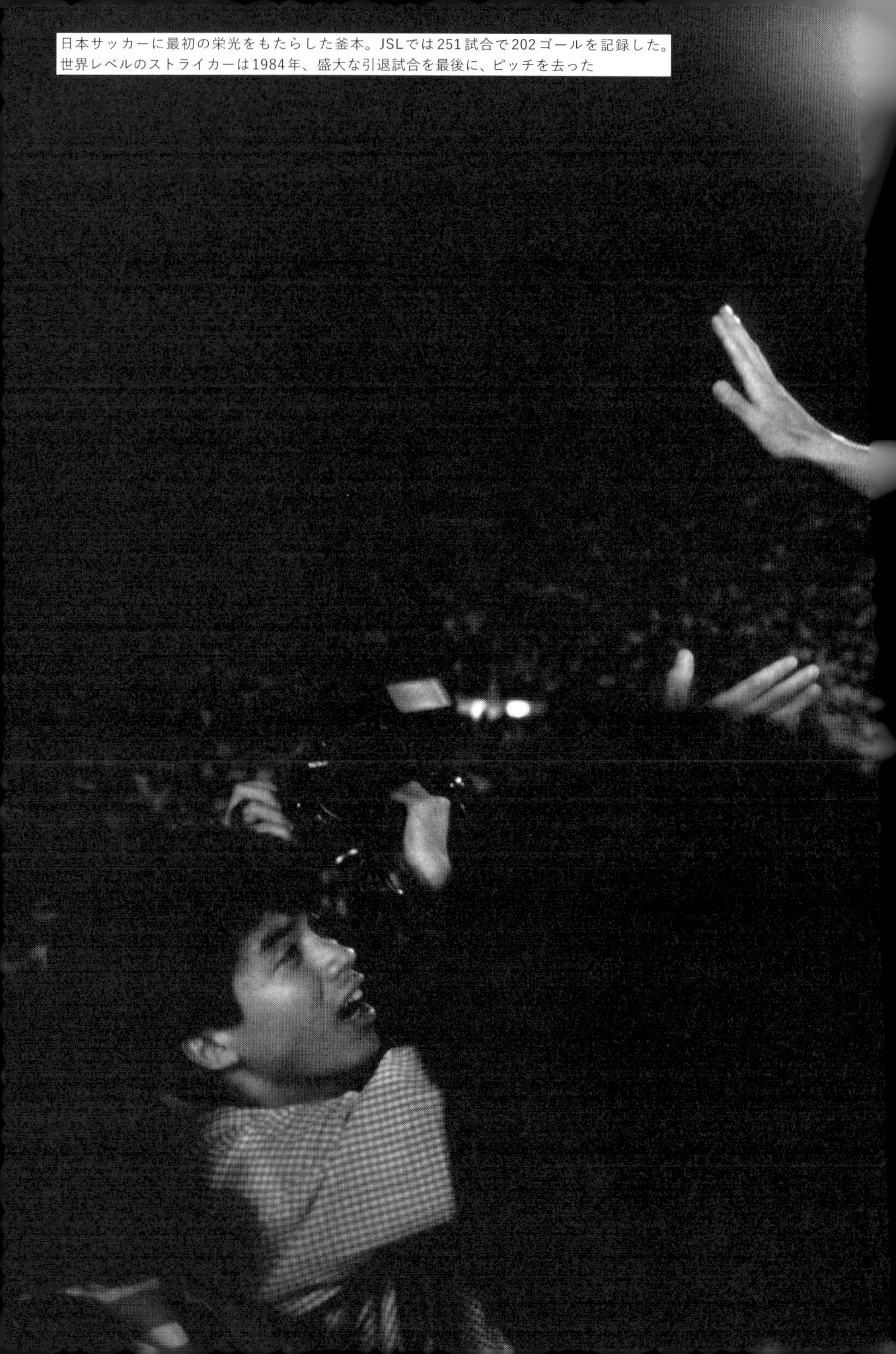

たＣＳＫＡモスクワと対戦した際、相手のＧＫは凄かったが、負けじとばかりに東洋工業のＧＫ船本幸路も右に左にファインセーブを連発した。そのときのテレビ解説者は、たしか岡野俊一郎さんだったと思うが、派手にセーブする船本ではなく、常にシュートを正面でキャッチするＣＳＫＡのＧＫのポジショニングを褒めていた――いま思うと、東洋工業のシュートコースも甘かったが……――。まさに目から鱗の解説。試合は、船本の活躍で東洋工業が、強豪相手に引き分けに持ち込んだ。

テレビとサッカーといえば、全国放送のＮＨＫとローカル局であったテレビ東京、そして読売クラブが創設された69年以降の日本テレビが頭に浮かぶが、テレビ朝日も当時、「ビッグスポーツ」という番組で、サッカーの中継録画をダイジェストで放送していた。前述したように、朝日新聞がサッカーに力を入れていたので、グループでサッカーをバックアップしていたのかもしれない。「負けられない戦い」の前にも、テレ朝は積極的にサッカーを応援していた時代があったのだ。

映画館で味わった初めてのW杯の興奮

64年に東京五輪で世界のサッカーと出会ったが、五輪以上にレベルの高いサッカーの世界大会、ワールドカップがあることを知ったのは、その後のことだった。というのも、日本では世界のサッカーといえば、五輪だったからだ。この風潮は、80年代になっても変わらなかった。

66年のイングランドW杯では、北朝鮮の活躍が当時の新聞紙上を賑わした。

同じ年、東京でこの大会の公式記録映画『ＧＯＡＬ！』が公開されるのを新聞広告で知り、新宿の歌舞伎町にある小さな映画館で、階段を下りていった記憶がある。客はまばらで、たしか1週間ほどで打ち切りになった。サッカーがそれほどポピュラーではない国の、繁華街のど真ん中の映画館で、サッカーの記録映画が公開されたこと自体が、いまから思うと不思議だった。

中学3年は、僕の新宿一人歩きのデビューの年でもあった。アメリカ製のジーンズがもてはやされた時代、腰周りが太い僕の体に合う、ゆったりした「LEE」のジーンズを専門店で初めて買ったのも、そのときだった。

当時、地元の大山——東武東上線で池袋から3駅目。中学校が池袋界隈にあったので、池袋は庭みたいなものだった——には、東映、東宝、日活の直営館と、ピンク専門と海外の名画座の5館があった。自宅が商店街にあり、店の脇の壁に映画のポスターを貼ってあげていた関係で、複数の招待券がもらえた。そんな環境もあって、映画三昧、漫画三昧の少年時代だったが、そこに突然、世界のサッカーが割り込んできた。

スクリーンでは、ペレが対戦相手から痛めつけられ、北朝鮮は新聞紙上での「赤い稲妻」との表現が決して誇張ではなかったことを証明し、エウゼビオはうれし涙を流していた。

極めつきはイングランドと西ドイツによる決勝。西ドイツが後半終了の1分前に追いつき、延長戦に入った。延長前半、ジェフ・ハーストのシュートはクロスバーに当たり、ゴールライン上に落ちてクリアされる。ゴットフリート・ディーンスト審判の判定はゴールで、これによりイングランドは勢いに乗り、延長戦で4対2と西ドイツを引き離した。ハーストは疑惑のゴールを含めて3得点の活躍。いまなお、W杯決勝でハットトリックを達成した唯一の選手である。

タイムアップ後、悲嘆にくれた西ドイツのGKハンス・チルコフスキ（ポール・ニューマンに似た色男だったという記憶がある）のアップが印象的だった。大会後、このときのトラウマを克服できず、彼はスランプに陥って引退を余儀なくされたと聞いたが、果たして本当だろうか。

この記録映画によって、僕は西ドイツのファンになり、同時にアンチ・イングランドになった。いまでもイングランドが負けると、ほっとする。この反応は、W杯や欧州選手権の取材経験を重ねるにつれて、より強くなっている。

ペレの振る舞いに感動し、エウゼビオの強シュートに顔を覆う

70年代に入ると、スクリーンで見たペレ（サントス）やエウゼビオ（ベンフィカ）が、次々に来日するようになる。選手としてはピークを過ぎていたが、その決定力は衰えていなかった。

72年5月の日本代表戦で、ペレはバイタルエリア近辺で浮き球を上半身でコントロールし、そのまま持ち込んでゴールを決めた。そのときに対面した小城は、浮き球に足を上げてクリアしようとしたが、ペレの上半身がボールにかぶさってきたので、とっさに足を止めた。その直後、ゴールを決めたペレが真っ先に駆けつけたのは、前述のクロスプレーで フェアプレーを選択した小城選手のもとだった。ペレもわかっていたのだ。この選手がなぜ神様と呼ばれていたのか、そのときの態度、振る舞いを見て、初めて理解した。

余談だが、86年メキシコW杯のとき、メディア向けのパーティーでペレと顔を合わせる機会があり、IDカードにサインをねだると、彼は僕の名前を聞き返し「Para Norio Pele（ノリオへ、ペレ）」と書いてくれた。02年のときは、決勝戦の後、深夜に仲間と六本木で打ち上げをしていたら、そこにペレが現れた。周囲は黒山の人だかりとなり、その中で突撃して2ショットの記念写真を頼んだら、屈強なガードマンにはじき飛ばされた。しかし、さすがは〝神様〟。ペレはガードマンを「いいから」と制し、僕を呼んでツーショットに応じてくれた。ところが、僕よりも、一緒にいた記者が興奮してしまい、彼が撮影した写真（次ページ上段）は中途半端なカットになってしまった。

長年、数々のゴールシーンを見てきたが、エウゼビオが国立で見せた豪快なシュートは、いまでも脳裏を離れない。日本代表対ベンフィカ戦は70年8月から9月にかけて3試合が行われ、僕ら兄弟3人は

2002年、ペレとともに

2003年のバイエルン取材の際には、
“爆撃機”ゲルト・ミュラーと

国立のゴール裏スタンド中段で並んで試合を観ていた。ゴール裏とあって、周りに観客は少なかった。

専用スタジアムのゴール裏と違って、国立の場合はトラックがあり、観客席とピッチとの距離はかなり離れている。それでも僕は、エウゼビオのシュートが炸裂したとき、ボールがネットを突き抜けてこちらに飛んでくると思い、反射的に両手で顔を覆ってしまった。大げさに思われるかもしれないが、本当にそう感じたのだ。まさに、釜本邦茂以上の豪快なゴールだった。スクリーンで見たエウゼビオに比べると、少し太っていたが、それでも「黒豹」以上の迫力があった。

学校での試験中に迎えた銅メダルの瞬間

メキシコ五輪――

メキシコ五輪(正式には「メキシコシティ五輪」だが)のアジア予選、日韓戦で聞いた「クロスバーを叩く音」は、いまでも忘れられない。

国立競技場はこの日、雨に煙っていた。試合は前半、宮本輝紀、杉山隆一がゴールを決め、2対0で日本がリード。しかし、後半になると韓国の反撃が始まり、あっという間に同点にされる。対して日本は、釜本が韓国を突き放す3点目を挙げた。

僕はこのとき、聖火台の近くで観戦していたが、近くで在日韓国人のグループが応援していた。彼らは釜本のゴールが決まると、一様に「釜本、死ね!」と叫び、あとはハングル語でわめき散らしていた。その怒りよう、迫力の凄まじかったこと! その後、すぐに韓国が同点とし、良かったような悪かったような、中途半端な気分にさせられた。

試合は3対3の引き分けに終わった。試合終盤、韓国の丁炳卓のロングシュートが炸裂。その瞬間、逆転負けを覚悟したが、「バーン!」という音とともにボールはクロスバーを叩き、間もなくタイムアップを迎えた。

あの音が、いまでも耳から離れない。

現実に戻ると、3対3の引き分けにもかかわらず、気分はまるで負けたかのようだった。帰路、雨に打たれながら、僕も周りの人たちもみんな、うなだれて千駄ヶ谷の駅に向かった。

メキシコへの切符は、日本が最終戦のベトナムに勝ったことで、韓国との得失点差の勝負になった。韓国の相手は、日本が大量15点を挙げたフィリピン。韓国が試合前に「18点を挙げて日本を上回ってみせる」と語ったことがフィリピンの怒りに火をつけ、彼らは全員でゴール前を固め、失点を5に抑えた。こうして振り返ってみると、メキシコ五輪で日本が銅メダルを獲得する上で、フィリピンの存在はとても大きかったということになる。

68年、僕は巣鴨学園商業科の2年生だったが、秋の中間試験の時間帯が、メキシコ五輪の3位決定戦（日本と地元メキシコの対決）の開始時間と重なった。試験とあらば、学校は休めない。そこで僕は、試験中にもかかわらず、こっそりイヤホンを耳にはめ、ラジオの実況を聴きながら試合の経過に一喜一憂していた。

とはいえ、試験中だ。釜本がゴールを決めても、日本が銅メダルを獲得しても、喜びの声を上げるわけにはいかなかった。幸い、試験官の先生は見て見ぬふりをしてくれた。終了のチャイムが鳴ったとき、僕はそれまで溜め込んでいたものを爆発させるように、椅子から飛び上がり、ジャンプをしながら何回もバンザイをした。

サッカーが1番、映画が２番――
２番目を職業にしよう！

僕が入学した頃、中学にも、高校にも、サッカー部はなかった。ただ、校庭の片隅には朽ち果てたゴールポストがあったので、以前、サッカー部が存在していたことは間違いなかった。グラウンドはサッカーができるだけの広さがあったが、その半面をソフトテニス部が独占。一般の生徒は立ち入り禁止という、〝聖域〟だったのだ――ちなみに体育館は剣道部が独占。この２つのクラブは、常に東京都のトップレベルにあった――。土のグラウンドの残り半分は、細々とバレーボール部が使っていた。

当時、体育の授業は、このグラウンドの残り半分のスペースを使用してできるハンドボールが主体であり、白赤のゴールがグラウンドの両端に常設されていた。現在でいえば、フットサル、ミニサッカーができる環境が整っていたのだ。

五輪で日本が銅メダルを獲得したことも追い風になった。僕は人の良い現代国語の木村先生（生徒からはキムジイと呼ばれていた）に顧問をお願いし、仲間を集めサッカー同好会を作り、1年でクラブに昇格させた。クラブになると、生徒会から活動費が出る。本格的な皮のサッカーボールを購入できるのだ。そのために、会計として生徒会の役員になり、根回しもした。

学校は勉強一辺倒ではなく、スポーツにも理解があった。巣鴨学園のサッカー部は、中学、高校とも決して強豪校ではないが、いまでも活動している。親の意向に逆らい、好き勝手な人生を歩んできた僕だが、数少ない善行のひとつが、母校にサッカー部を創設したことではないだろうか。

中学1年、東京五輪でサッカーと出会い、高校1年のときにサッカー部の創設に奔走した。多感な年頃に、素晴らしいサッカーの数々を東京の地で目の当たりにしたが、唯一にして最大の心残りだったのが、僕自身がサッカーの指導者と出会えなかったことだ。

70年、僕は早稲田大学第2文学部に入学した。高校は商業科だったが、一応、現役で合格できた。ちなみにサッカー部の活動は、年末の12月まで続けた。

入学後は、昼は家業の米屋で親父の仕事を手伝い――小学校の頃から、お米の配達や夕方の買い物は僕の担当だった――、夕方から大学に通った。

大学では、ダメもとで早稲田ア式蹴球部の門を叩いたが、「一般受験で入った学生の入部基準は身長170センチ以上」と監督に言われ、あえなく断念。そこで、同好会の「稲穂キッカーズ」に入部するが、練習初日でアピールしようと頑張りすぎて腰を痛め、動けなくなってしまった…。練習場所は小石川運動場。部員全員が帰った後、タクシーの助けを借りながら、這うようにして自宅に戻った。

それで、大学でのサッカーの活動は封印し、映画仲間とともに映画作りに精を出すようになった。手始めにやり始めたのが、映画製作の資金作りのための上映会。当時は、大学内で上映をするのが当たり前だったが、僕らは公会堂などのホールを借り、映画会社で埋もれている名画を倉庫から発掘して、上映会を開いた。寺山修二ではないが、〝書を捨てて町に出た〟のである。

当時、まだ早稲田では学内闘争、そして街頭デモもあったが、JSLの試合があれば、それを観に行くことが、僕の最優先事項だった。

映画のほうは、製作資金が貯まったところで仲間同士が衝突して空中分解。残ったのは16ミリの「ボレックス」のカメラだけだった。

米屋を継がせようと考えていた両親だったが、僕が映画ごっこにうつつを抜かす大学4年間で、すっかりあきらめた模様。そして73年、オイルショックで就職氷河期という状況の中、職業を選択するにあたり、僕は迷った挙句、2番目に好きなものを生活の糧にしようと思った。1番目はやはりサッカー。それと同じくらいに当時、ハマっていたのが映画だった。サッカー業界か映画業界か——。どちらもコネはなかったが、サッカーは趣味にして、映画を職業にしよう、そう決めた。逃げ場を作っておきたかったのだ。

卒業してから2年間ほどは、出版社、広告代理店でスキルを磨き、その後、フリーの撮影助手として業界で働くようになった。そこから、のちに『サッカーダイジェスト』との出会いによって、趣味と仕事が徐々に重なってくるようになるのである。

「冬の時代」の70年代から変化の80年代へ

70年代の日本代表を思い出すと、現在の女子日本代表と重なって見える。チームとしてのピークを68年メキシコ五輪に合わせ、東京五輪から継続した強化策が実を結んで銅メダルを獲得したが、その反動で、以降、経験値も含めて、その後を継ぐ選手が育たなかった。銅メダル獲得直後のＪＳＬで、杉山隆一擁する三菱と釜本が君臨するヤンマーの対戦では多くの観客が駆けつけたが、彼らに続く個性あふれるスターが現れず、スタジアムには徐々に閑古鳥が鳴き始めた。現在のなでしこジャパン、なでしこリーグ然りである。

日本サッカー「冬の時代」真っ盛りの77年、サッカー協会は「日本サッカー後援会」という、われらが代表チームを金銭でサポートするファンクラブを作った。海外からのコーチの招聘、アマチュアでありながらプロと対戦するための資金、加えて、代表の強化費をファンから募ったのだ。いま思うと、日本サッカー協会とは、何と斬新な組織であったことか。年会費は1万円で、代表とＪＳＬの試合をメインスタンドで、無料で観戦することができた。現在の「ダゾーン」や「スカパー」より安い！

僕は当時、撮影助手のノウハウを覚え、仕事に追われる日々を過ごしていたが、いの一番に会員になった。自分では、登録一番乗りだったと自負している。新聞の告知を見て、すぐ応募したからだ。

国立競技場の大会議室で、軽食つきのファン交流会もあった。正直、あまり人気のなかった二宮寛監督時代のことである。二宮監督が温厚なことをいいことに、僕は無謀にも「二宮さんのサッカーには、東洋工業の古田篤良選手が必要です」と直訴した。古田はＤＦの選手で、当時、ＧＫを除けば、一番遠くにボールを蹴られる選手だった。二宮監督は、いまと変わらない笑顔で「うんうん」とうなずいていた。

後で知ったが、古田は早稲田大1年生のとき、18歳と292日でフル代表デビューを果たし、アイスランドとのアウェーマッチに出場していたのだ。長沼健監督の時代である。その記録は、98年の市川大祐（17歳322日）まで破られることはなかった。

二宮監督は、代表監督を務める前は三菱重工の監督だった。杉山を活かし、堅守速攻で三菱をトップレベルに押し上げた人である。必然的に、スタイルと選手選考は三菱中心となった。二宮サッカーには、自陣深いところから、相手の裏にロングボールを入れられる選手が必要だった。その点、当時、早稲田から東洋工業に入部した古田のキック力は、日本人離れしていた。

後援会に話を戻すと、この会は日本代表の強化を目的に生まれたが、国立に設けられた後援会席は、間もなくすると、低迷する日本サッカーに対する厳しい意見を発信、と言えば聞こえがいいが、要するに〝野次〟を飛ばす場になっていった。なかには、聞くに堪えないものも…。会員それぞれが贔屓のチームを持っていたが、代表戦になるとそのタガが外れ、野次は一気にボルテージが上がった。僕自身は、これらの声を実況代わりに、試合を楽しんだ。

元々、日本代表のベンチはバックスタンドに向かって右側にあり、後援会席はそこから斜め上方向にあった。しかし二宮ジャパン時代には、あまりにも監督に対する野次が激しかったため、反対側に移動させられたこともあった。

二宮監督の日本代表監督としての評価は、正直、決して高くなかったが、島国・日本と欧州のサッカーをつなげたのは、氏の海外とのネットワークと人間力に他ならない。クラマーさんと二宮さんは、日本のサッカーにとって、長沼、岡野両氏同様、表裏一体の存在である。現役時代は、短身で骨太、しかし走ると速かった。ちなみに、現在は葉山のコーヒーショップ「パッパニーニョ」の親父にして経営者だ。コーヒーも美味い！

70年代は「冬の時代」といわれているが、その時代にまいた種が、ようやく芽を吹き出したのが80年代と言える。それはＪＳＬの地殻変化とも、密接に関わっていた。丸の内御三家（古河電工、三菱重工、日立）やヤンマー、東洋工業などの企業チームに対抗して、フジタ工業、読売クラブ、日産自動車といった、プロ化を意識した新しい価値観を持ったチームが台頭してきた。これまでのリアルなゲームに、エンターテイメントの要素が含まれるようになったのだ。

1976年〜78年まで日本代表を率いた二宮寛監督

80〜90年代のJSLをリードした読売クラブと日産自動車。後者のエース、木村和司(左から2人目)は奥寺とともに日本のプロ第一号となった

80年代の日本サッカーを語る上で欠かせないのが、日本代表の監督、森孝慈だろう。彼は現役時代、八重樫茂生、小城の後を継ぐ、しなやかで推進力のあるMFであり、力強さも併せ持っていた。いまの選手のイメージで言うなら、長谷部誠に近かった。当時、低迷していた日本サッカー界の若き切り札として期待された監督だった。

69年に創設された読売クラブ、そして日産自動車と、ともにプロ化を志向するチームが、低迷するJSLの中で、三菱、日立、古河の旧財閥のチームに対して存在感を見せ始めた70年代後半、新しい価値観とプレースタイルを持った選手たちの登場と、森代表監督の誕生は、日本サッカーの復活を予感させた。

85年10月28日、日本はメキシコW杯出場を懸け、国立での韓国戦に臨んだ。それまで森ジャパンの日韓戦での戦積は、1勝1分け2敗とほぼ互角に近かった。83年3月6日に国立で行われた日韓定期戦では、日本鋼管の田中孝司が先制して引き分けたが、内容的に日本が明らかに上回っていた。これまでと違い、韓国に対する脅威を、選手たちはさほど感じていなかったに違いない。

しかし、緊張していたのは、アウェイの韓国の選手ではなく、残念ながら日本のほうだった。チームには一体感こそあったものの、個々の意識レベルの差を埋めるまでには至らなかった。それは試合が始まると、おのずと明らかになってきた。

浮き足立った日本は、前半41分までに、ミスも絡んで2点を先行されてしまう。過去に何度も経験した、日韓戦での絶望感…。しかし、前半43分に木村和司が鮮やかなFKを決め、差を1点に縮める。会場のボルテージは、一気に高まった。

そして後半、再び日本は、セットプレーから決定的チャンスを掴む。左CKから、ヘディングを得意とするCBの加藤久が頭を振り抜いた。しかし、ボールはクロスバーを直撃し、ネットの外に弾き返された。あれが決まっていれば、日本の逆転勝ちもありえただろう。そう思うと、この〝キュウちゃん〟のヘッドが決まらなかった悔しさは、後々まで尾を引いた。

メキシコ五輪予選ではクロスバーに助けられ、このメキシコW杯予選では泣かされた。僕にとっては、いまや伝説となっている木村のFK同様、決まらなかったヘディングシュートも忘れられない日韓戦となった。

惜しくも初のW杯出場を逃した森監督だが、彼は歴代の日本代表監督の中で、最も選手から慕われた人だったのではないかと思う。二宮監督から薫陶を受けた森監督は、日当や各種の手当てなど、選手の待遇改善にも力を注ぎ、実現させた――かつて杉山が早すぎる代表引退を決意したのは、怪我による休業補償を求めるも、協会からもチームからも受け入れられなかったためだ――。森監督は、自身のポケットマネーで選手たちと積極的に交流を図った。そのぶん、勝負に徹すること、非情になり切ることができなかったことは否めない。

在任中、「選手にプロフェッショナルというものを植えつけるには、まず監督がプロにならなければならない」と語り、三菱重工からの出向という立場から、プロコーチとしての契約を協会に働きかけたが、受け入れられなかった。そして86年、自ら代表監督を辞任した。

マラドーナとの出会い
そしてサッカーが職業へ

70年代以降、世界のスーパースターたちは続々来日したが、その多くはすでにピークを過ぎたベテラン選手が多かった。しかし79年、旬で成長途上の〝原石〟が日本にやって来た。首都圏で開催された、第2回ワールドユースに出場するためだ。

当時、僕はフリーランスの撮影助手としてテレビ映画の仕事をしていたが、数少ない休みの日には、必ず会場に駆けつけた。ディエゴ・マラドーナを見るためだ。旅行用に持っていた一眼レフカメラ「アサヒ・ペンタックスSP」を持参して、スタンドからマラドーナを追いかけた。レンズは「タクマー」

日本サッカーのプロ化を早くから訴えてきた森監督。
Jリーグ開幕後は浦和レッズ、アビスパ福岡を率いた

の135ミリである。

ムービーの仕事を続けながら、時間がある限りサッカー観戦は欠かさなかったが、選手を写真に収めようとは、それまで思ったことはなかった。逆に言えば、そんな衝動にかられるほど、マラドーナとの出会いは衝撃的だったのだ。撮影場所は、専用競技場である大宮公園サッカー場、現在のNACK5スタジアム大宮である。ここは国立と違い、スタンドからピッチが近い。そこから見たマラドーナは、プレーもさることながら、表情も豊かだった。

アルゼンチン戦の翌日は、仕事の現場でも必ず、マラドーナが話題に上がった。サッカーを知らない人たちをも、この18歳のアルゼンチン人青年は魅了したのである。日本人以外の若いサッカー選手が日常の中で話題になる…、これまで僕の周りではなかったことだった。


その翌年、日本スポーツ企画出版社から『サッカーダイジェスト』が創刊された。

当時、僕は映画や芝居の関係者が集まる、新宿のゴールデン街の「中ちゃん」(いまでも大繁盛)という店の常連客で構成された草サッカーチーム「ホワイトドランカーズ」に所属していた。ボトルキープがサントリーの「白」、それがチーム名の由来である。酒は当時もいまも強くない僕だが、ボトルだけはキープしていた。ちなみにメンバーには、いまや名優のひとりである大杉漣さんもいた。

そんな折、店の常連でメンバーのひとりだったフリーの編集者が、「サッカー雑誌の創刊号で草サッカーチームを紹介したい」と言うので、わがチームが取材を受けることになった。グラビア3ページという大きな扱いである。ちょっと自慢できるのは、曲がりなりにもプレーヤーとして登場していることだ。そして、このサッカーダイジェストとの出会いが、僕のサッカーカメラマンとしてのキャリアの原点となったのである。

ちなみに、ヨチヨチ歩きの頃から、僕の後をついて回った6歳違いの弟は、僕が兄から影響を受けたのと同様に、僕の進化系のような形でサッカーに

大宮のピッチで華麗に舞うマラドーナを撮影。著者の最初の「作品」だ

1982年、ボカの一員として来日したマラドーナ。日本代表のDF陣を子ども扱いにした

のめり込んでいった。大学卒業を前に「サッカー関係の仕事をしたい」と言うので、取材を通して知り合ったサッカーダイジェストの編集部を紹介した。晩秋のことである。

折りしも編集部は、冬の高校サッカーに向けて動いていた。弟はアルバイトの記者として選手権を取材し、編集作業にも携わった。徹夜が続く年末進行、猫の手も欲しかった時期である。めでたく彼は、冬の採用試験に合格して、春から日本スポーツ企画出版社の社員となり、サッカーダイジェストの編集部に配属されるのだった。

当時、サッカーダイジェストでは、連続写真でプレーの技術解析を行う企画が連載で掲載されており、元東洋工業&日本代表の小城さんが解説を担当していた。撮影は、秒間24コマの「アイモ」という35ミリのニュース用の手巻きムービーカメラを使用。まだ、スチールカメラが秒間5コマもいかなかった時代である。

この撮影を、僕が依頼された。ムービーとあれば本職であり、加えてサッカーに対する理解もあるということで、迷うことなく引き受けた。本音を言えば、僕のヒーローだった小城さんと仕事がしたかったのである。

また、社員カメラマンのやりくりがつかなくなると、僕にも試合をスチールカメラで撮影してほしいというオファーが編集部から来るようになり、会社のカメラを借りてのカメラマン稼業が始まった。

ここで大きな発見があった。スポーツの写真撮影では、ムービーでは見ることができない、選手のフォルムや筋肉の一瞬の緊張、感情の高まりを収めることができたのだ。慣れ親しんだシャッター速度60分の1秒、秒間24コマの世界から、500分の1の高速シャッターで、1コマ毎に刻まれる決定的瞬間へ——。それを目の当たりにして、僕はスチールの世界、写真を通したサッカーの世界にのめり込んでいった。

そんな僕が最初に目指したのは、82年スペインW杯だ。79年に衝撃を受けた、マラドーナとの再会のためだった。

われら サッカー狂

超蹴球異職集団 "ホワイトドランカース"

出ました!! 創刊を飾る恐怖のサッカー狂集団。某日本の洋酒メーカーのブランド名を戴き、登場するのは"ホワイトドランカース"名前の通り酒も好きだが、それ以上にサッカーが好きな"サッカー野郎"ばかりのチーム。試合終了後、試合の話をサカナに一杯飲むのがメンバーのこの上ないエネルギーとか……。

"ホワイトドランカース"は、新宿ゴールデン街にある飲み屋"なかちゃん"に集まる飲み仲間のサッカーキチが5年前に結成した会員32人のチーム。

名前のとおり、みんな酒好きで、試合の後のビールを楽しみにして、半分冗談で"1得点ビール1本"なんて声が練習試合中に出たりする。たまに二日酔いの青白い顔をしてサッカーをやっている不届きなメンバーもいるとか。

チームの構成は、サラリーマン、映画のプロデューサー、カメラマン、イラストレーター、雑誌編集者、学生とバラエティーに富んでおり、年齢も上は68歳、下は20歳と幅がある。平均年令は27歳で、高校までは学校のクラブでサッカーをやっていた人たちが大半で、中には高校のとき、ユース代表候補になった人が2人もいる。

練習は主に日曜日で、皆な協力し合い都内の区営サッカー場、学校等のグランドを利用している。

「時間が不規則な仕事の人が多いので、なかなか練習できないし、集まっても10人足らずのときがあるんですよ。なかなか思うようにうまくならなくて…」と話をするのはメンバーの一人石井さん。

そのせいか、ホワイトドランカースが加盟する中野区のリーグ戦の戦績は、一勝一敗一引き分けで4チーム中の3位。

「試合の終わったあと、メンバーとサッカーの話をサカナに一杯飲むのが楽しくて…」と語るのは昨年までキャプテンを務めていた大下さん。大下さんは、チーム結成時からのメンバーで、「結成当時はひどい状態で、練習に2人とか3人しか集まらない。試合は出ると負け。初めて試合に勝ったのは、チーム結成2年目で、外人リーグ（インターナショナル・フレンドシップ・フットボール・リーグ）の公式戦だったんで喜びもひとしおでした!」と楽しそうに話す。

練習試合
ホワイトソックス7−0ホワイトドランカース

▲よろしくお願いしまーす

▲円陣を作っての柔軟体操

▲上は"なかちゃん"のマスター吾郎さん。下は石井さん

▲シュート練習。GKはイラストレーターの石原さん

石井さんのスローイン 石井さんは広告マンで24歳 FW

▲練習のため、新品のスパイクで張り切ってくれた石井さん

▲パパー寒いよ。パパ頑張って!! パパもっとしっかり!!

▲練習前のミーティング「今日は練習の後、練習試合が…」

▲メンバーがよく集まる新宿ゴールデン街にある「なかちゃん」。マスターの吾郎さんもメンバー

サッカーダイジェストとの出会いは取材対象として。引用：創刊号（1980年2月号）・P84-85・日本スポーツ企画出版社

小城得達の 連続分解写真 技術講座

解説／小城得達（前東洋工業監督）

ボールを奪って自分のものとする

今月は昨年の日本サッカーリーグ一部第十五節の三菱重工−読売クラブの試合から、和後選手（読売ク）と橋本選手のボールの奪い合いから拾ってみました。

守備をする選手の仕事として、相手からボールを奪うにはふたつのやり方があります。完全に相手からボールを奪って自分のものにする場合。また自分のボールにはならないが、突っついて相手のボール支配の範囲からはずしてしまう、といった方法です。

このふたつの方法で良いのは、もちろん自分のボールとすることです。なぜなら、こちらのほうが次のプレーへの移行を容易に行なえるからです。

連続写真でボールを持っているのが読売クラブの和後選手で、ボールを奪おうとしているのが橋本選手（三菱重工）です。

この連続写真は、大きく分けて三つの部分から成り立っていると言えます。ひとつはボールの奪い合いのためのかけひき、写真①から⑥まで。つぎはボールの奪い合い、写真⑦から⑬まで。最後にボールを奪い合った後のプレーで、写真⑭から⑱まで、といった具合です。

皆さんに特に注意して見てもらいたいのは、大きくしている写真⑧、そしてそれに続く写真⑰までです。写真⑧で橋本選手は、タテへドリブルで抜きにかかっている和後選手に対して、ボールと和後選手の間に自分の体を入れようとしています。

写真⑨では足が入りかけ、次の写真⑩では足が入っていますが、体がしっかり入っていないために和後選手にボールを突っつかれようとしています。そして写真⑫ではボールを突っつかれてしまい、写真⑬からは二人でボールを追うようになってしまっています。

さて、この写真の状況から橋本選手がボールを自分のものにするためには、どうしたら良いのでしょうか。

まず大きくしている写真の⑧を見てください。橋本選手の右脚に注意すると、小さくなってしまっているのがわかるでしょう。相手から完全にボールを奪うためには、足だけでなく体全体で奪わなければなりません。

写真⑧の状況では足を相手とボールの間に入れるのと同時に、右肩も入れるべきです。そうすると完全に相手とボールの間に、自分の体を入れることができます。

このプレーができると、後の写真のように奪ったボールを相手に突っつかれることもなく、次のプレーに移ることができるのです。大きくしている写真の⑬を見れば、体が完全に入っていないのがよくわかるでしょう。

さてここでもう一度、相手からボールを奪って、自分のものにするプレーをまとめてみましょう。

この連続写真からはあまりよくわかりませんが、自分の頭の中で描いたコースへ、相手にドリブルさせるのも大切なことのひとつです。こちらの考えたとおり、そのコースに相手がドリブルしてきたなら、チャンスを見てボールと相手の間に自分の体を入れるのです。

その時注意しなければならないのは肩の入れ方です。足を入れるのと同時に、肩を入れることを忘れてはいけません。

なぜなら足だけで入っていくと自分の体全体が入らないため、せっかく奪ったボールを相手に突っつかれてしまいます。そうなると、もう一度ボールを奪うための努力を始めなければならなくなってしまうのです。

89

ここからサッカーが仕事になり始めた。引用：サッカーダイジェスト1982年4月号・P88-89

82年スペイン——初めてのW杯取材

80年創刊のサッカーダイジェストにとって、82年に行われたスペイン大会は、当然ながら初めてのW杯。もちろん、現地にカメラマンを派遣するのも、初のことだった。その栄えある撮影チームの一員に、僕が社員カメラマン2人とともに加えていただいた。

そこで僕は、フリーの分際でありながら、阿部正之介、佐藤明という社カメの両氏を差し置いて、自分のわがままを聞いてもらった。「とにかく、マラドーナがいるアルゼンチンを追いたい」と。

その前年、僕はムービーの仕事で、メキシコ、ベネズエラ、ブラジル、アルゼンチンと、1か月ほど渡り歩いたが、W杯を翌年に控え、どこの国でもテレビはマラドーナのプレーを繰り返し放映していた。ブラジルでは、ペレのプレーと比較をして、どちらが素晴らしいかを論争していた。ジーコやソクラテスではなかったのだ。

僕のわがままは聞き入れられ、めでたくアルゼンチンを追うこととなったが、まさか？次リーグで、ブラジル、そしてこの大会を制することとなるイタリアが、アルゼンチンと同組になるとは想像すらできなかった。

迎えたスペインW杯。ピッチに下りて最初に撮影をしたのが、ユーゴスラビア対北アイルランドの一戦だった。

北アイルランドのGKは、テレビ東京で放送されていた「ダイヤモンドサッカー」を通じて、僕のヒーローとなったアーセナル（当時）のパット・ジェニングス。イングランドのゴードン・バンクスと違って、こちらは色男だった。

イングランド大会の公式記録映画を見て、ドイツのGKチルコフスキに惚れ、レフ・ヤシンを知り、そして日本人選手で最初にファンになったのは、東洋工業のGK船本である。

サッカーファンとしての僕の〝入口〟になってく

れたのはＧＫだった。初心者にとっては一番わかりやすい役割、ポジションだったのだ。

そのジェニングスが、国歌吹奏を前に、整列して僕の目の前に立っている。感動のあまり、一脚に据えた300ミリの「ニコンＦ3・5」のレンズボディは、小刻みに震えっぱなしだった。

大会期間中は、バルセロナの安宿をベースにして、取材は基本的にひとりで動いた。都市間の交通インフラも、スタジアムと街を結ぶアクセスも、お世辞にも良いとは言えなかった。当時はまだ、そんな時代だったのだ。駅で販売している、パサパサのパンにチョリソーを挟んだサンドイッチと、安ワイン、そしてリンゴがセットになったスペイン製駅弁が、僕の主食となった。

さて、お目当てのマラドーナは、2次リーグのブラジル戦で相手選手に蹴りを見舞って一発退場。そして、2連覇を狙うアルゼンチンの夢もここで潰えた。大会前は、マラドーナによる、マラドーナのためのＷ杯になると信じていたが、まさかの結末だった。そしてアルゼンチンに引導を渡したブラジルも、ジーコ、ソクラテス、ファルカン、トニーニョ・セレーゾによる「黄金の中盤」が大活躍したにもかかわらず、エースストライカーの不在が響き、続くイタリア戦に敗れてスペインを去ることになった…。

スペイン大会の決勝戦は、イタリア対西ドイツという欧州勢同士の対決となり、イタリアが3対1で勝利して、3度目の世界制覇を果たした。イタリアは大会の数年前、国内リーグで八百長スキャンダルがあったが、その渦中にあり、2年間も出場停止処分を食らっていた「バンビーノ（小鹿）」ことパオロ・ロッシが、2次リーグに入って突如覚醒し、ブラジル戦でハットトリック、準決勝のポーランド戦で2ゴール、そして決勝でも先制点を挙げ、イタリアに黄金のトロフィーをもたらした。

強固な守備をベースに数少ないチャンスを決める、イタリアの決定力の凄さは認めざるをえなかった。「アズーリ（青／イタリア代表の愛称）」なる言葉を覚えたのも、この頃である。

物静かで落ち着いた印象のＧＫディノ・ゾフは、

16
4

スペインW杯決勝で先制点を挙げたロッシ（20番）。大会5試合目（しかも大一番のブラジル戦！）で突如覚醒し、大会得点王＆MVPに輝いた

なぜかヤシンに重なって見えた。ひと言で言えば、大人の風格だ——当時40歳だったから、それも当然かもしれないが……——。

　リベロのガエタノ・シレアは、ハードな守備、プレーが身上のイタリア選手の中では、反則が少なく、クリーンなDFだった。ピッチから出たボールを僕が返したりすると、ウインク返しをするなど、プレーのみならず、立ち振る舞いも、まさにイタリアンだった。彼のDNAは、いまジャンルイジ・ブッフォンに受け継がれている。

　決勝戦、タイムアップが近づいてくると、時間稼ぎに入るのは、いまも昔も変わらない。ましてや、「カテナチオ（『南京錠』の意で堅守を表す）」が身上のイタリアだから、露骨にそれを実践するかと思いきや、ゾフとシレアの守備の要2人は、タイムアップまで攻撃の姿勢を崩さなかった。

　ミランのフランコ・バレージが、なかなか代表でポジションを確立できなかったのは、このシレアの存在が大きかった。シレアは88年に現役を引退したが、翌年、ユベントスのコーチングスタッフとして、対戦するポーランドのチームを視察しての帰途で交通事故に遭い、36歳の若さで亡くなった。90年W杯でイタリアに行った際、彼のお墓参りに行こうと思っていたが、残念ながら、いまだにそれは果たせていない。

　サッカーダイジェストのW杯増刊号の表紙を飾った、ゾフがトロフィーを掲げているカットは、僕が300ミリの望遠で撮ったものだ。表彰式の後、ゾフは大勢のカメラマンやファンに取り囲まれており、僕が入る余地はなかった。ならば、先回りをして、良いポイントに来るまで動かず、待つことにした。その間はたいした時間ではなかったが、僕にはとても長い間《ま》に感じられた。途中でゾフが仲間の肩車から降りてしまえば、それでジ・エンドだったからだ。そのままカップを掲げながら、早くポイントに来い！　と祈り続けた。そうして撮れたのが、あの写真だった。ビギナーズラックかもしれないが、狙って待って撮れた、渾身のワンカットだった。

狙い通りに撮れた一枚は表紙に採用された。
引用：サッカーダイジェスト 1982年8月号増刊スペイン82ワールドカップ決戦号（写真は復刻版）

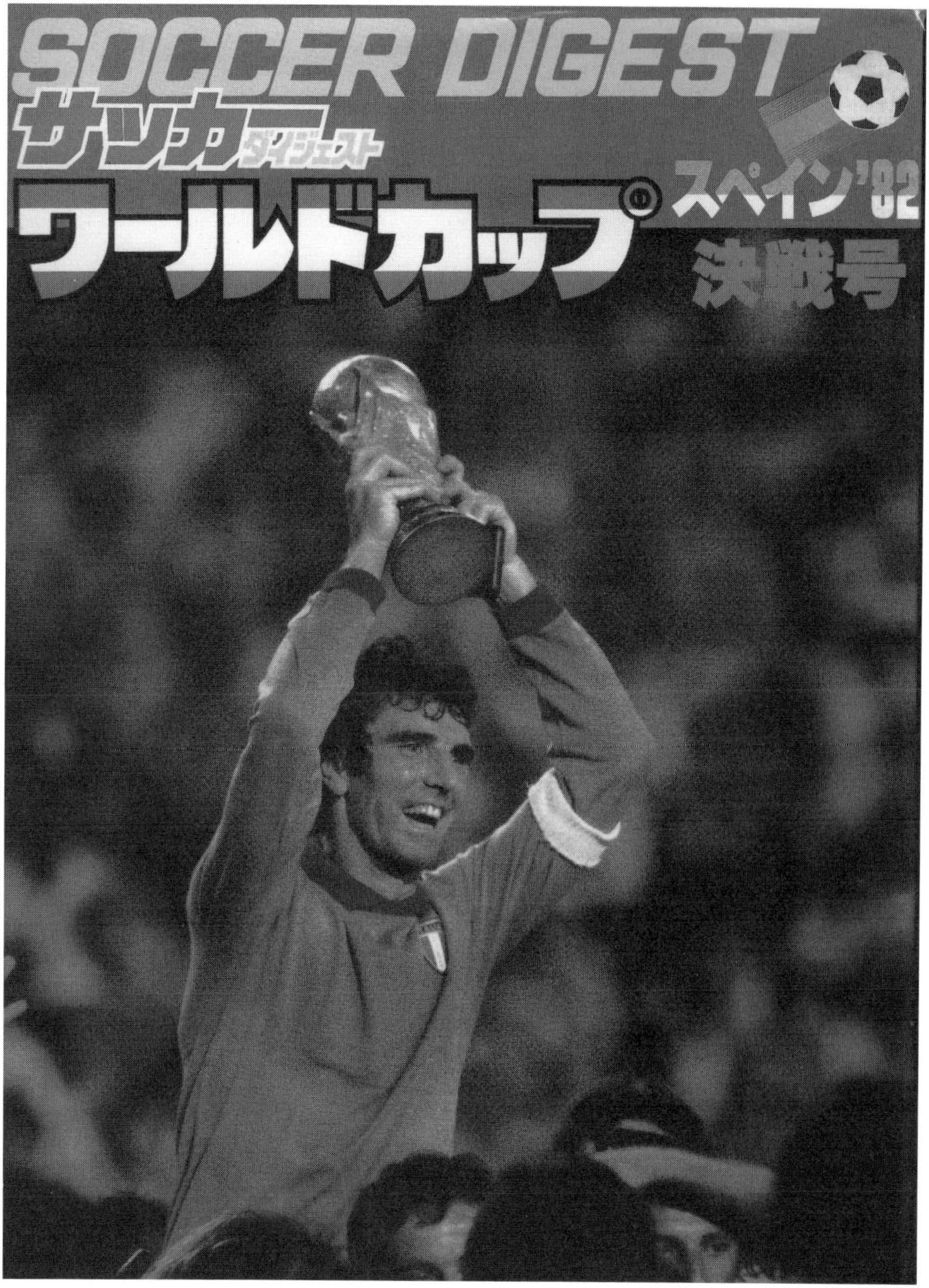

ところで、この大会の期間中、アジア予選で敗退していた日本代表が欧州遠征を行った。スペインでW杯を観戦しながら、地元クラブと練習試合を行い、その後はルーマニア、ドイツを転戦するというスケジュールである。代表一行はバルセロナ入りすると、当時2部リーグに所属していた数クラブと対戦した。

ホスピタレットと1対1で引き分けた後、バルセロナ郊外の街のクラブ、シッチェスと相まみえた日本。試合は前半、柱谷幸一が右サイドを何回も突破してチャンスを作り出した。しかし、相手もプロ。日本の選手の特徴をつかむと、そこからはうまく対応するようになり、後半は完全に押さえ込んでしまった。

試合は3対0でモノにしたが、良くも悪くも、当時の日本代表の立ち位置がわかった。今後、日本はW杯に出ることができるのか？　そのためには何が必要か？　それには、代表チームを強化するのではなく、ナショナルリーグ、すなわちJSLを強化、底上げすること。さもなければ、W杯には出られないということである。世界のサッカーを目の当たりにし、日本代表の現状を見て得た、素人ながらの結論だった。

スペインの田舎町で感じたことが、20年後に実現することになろうとは、このときは夢にも思わなかった。僕の中でJリーグは、スペインの田舎町、シッチェスから始まったのだ。

86年メキシコ――
マラドーナの戴冠を喜びながらも、
サッカー界の正義を疑う

86年大会の開催国は当初、コロンビアに決まっていたが、財政的に不可能となって83年に開催権を返上。結果、急遽代替地探しが行われ、ブラジル、アメリカらを抑えて、メキシコが70年大会に続いてホストとなった。

この大会は、欧州でのテレビ放映時間に合わせてキックオフ時間が設定されたため、日中の試合が多かった。メキシコという土地柄、どこの会場も暑く、選手には過酷な条件だったが、キャリアのピークを迎えた選手が各国に多く揃っていたため、多くの好ゲームが見られることとなった。カメラマンにとっては、まさに最高の条件と言えた。

この大会を制したのはアルゼンチン。天才マラドーナを擁しながら、守備的なサッカーをするカルロス・ビラルド監督には大会前、自国民から多くの批判が浴びせられたが、厳しいプレー環境の中でアルゼンチンの「省エネ・サッカー」は身を結び、決勝では西ドイツを3対2で下して2度目の優勝を飾った。試合後には、「ペルドン・ビラルド・グラシアス（ごめんなさい、ビラルド監督。ありがとう）」という垂れ幕が、アステカのピッチ上ではためいていた。

この大会のマラドーナといえば、準々決勝アルゼンチン戦での「神の手ゴール」と「5人抜きゴール」だ。しかし、僕はこのとき他会場で取材をしており、メディアルームでこの試合を観戦していた。マラドーナの凄さに酔いしれるとともに、その場にいなかった自分を、思いっきり呪ったものである。

マラドーナは4年前の屈辱を、イングランド相手に見事に晴らした。良くも悪くも、メキシコW杯は、マラドーナによる、マラドーナの大会となった。

決勝戦では、前回大会とは違ってピッチに降りることが許されず、スタンドからの撮影となった。そのとき、僕はゴールに近いメイン側の通路で撮影をしていたが、アルゼンチンがリードして、もうじきタイムアップという、その時間を見計らって、VIP席を突っ切り、スタンド中央に作られた架設の表彰台に向かった。表彰式直後のマラドーナを、かぶりつきで撮影するためである。試合中に客席を横切れば、セキュリティに捕まらないという計算が働いたのだ。

セレモニーの間は、じっと垂れ幕の中に身を隠していたが、マラドーナが表彰台から降りてきたところで通路に飛び出し、夢中でシャッターを切った。それは正真正銘、「俺のディエゴ・マラドーナ」と呼べる写真（132-133ページ掲載）となった。

マラドーナのビクトリーラン

開催国のメキシコは、準々決勝で西ドイツにＰＫ戦の末に敗れた。スタジアムから市内のメディアセンターに戻る沿道は、夜間にもかかわらず、無言の大勢の民衆で溢れかえっていた。そこには、彼らのやり場のない怒りが充満しており、不気味で怖かった。みんな悔しくて、家にいられなかったのだ。怒りを共有するために、人々は沿道に連なった。押しなべて無言で、無表情。人並みは、スタジアムから遠く離れても、途切れることはなかった。

バスからその光景を見た僕は、ヤバいと思った。いつ、彼らの怒りが爆発するか…。案の定、途中でメディア関係者のバスだとわかると、沿道から投石を受けた。やり場のない怒りが、僕たちにも向けられたのだ。幸いバスはひっくり返されることなく、ガラスにヒビが走っただけで済んだ。サッカーが人間の潜在意識に与える怖さを実感した、メキシコでの夜だった。

前回のスペイン大会、このメキシコ大会と、２つの大陸で開催されたＷ杯を取材して実感したのは、大会の素晴らしさとともに、審判や、そのジャッジに対する、強いネガティブな印象だった。極論すれば、Ｗ杯ですら、正義が通用しないということだ。

それは、後の２００２年日韓Ｗ杯でも、目の当たりにすることとなる。ＦＩＦＡは現在、「FAIR PLAY PLEASE」を惹句として各試合でフェアプレーを訴えて続けているが、実はＦＩＦＡ自身が最も、それを問われている。あのフレーズは、ＦＩＦＡの願望を込めた自己批判であると言える。

スペインＷ杯では、信じられないような審判の誤った判定が横行した。欧州と南米ではジャッジの基準が違うと、当時はいわれていたが、実際に現場で見ると、それが口実でしかないということが、目の前で頻繁に起こっていた。とにかく、不可解な笛が多かったのだ。

１次リーグのユーゴスラビア対スペイン戦では、開催国のスペインにペナルティエリア外でのファウルにもかかわらずＰＫが与えられ、これが阻止されるや、今度は「ＧＫが早く動いたから」という理由でやり直し。当時、ＧＫのキック前の動きは黙認さ

欧州王者として臨んだプラティニだが「3度目の正直」はならず

イタリア代表のMFフェルナンド・デ・ナポリ。
その豊富な運動量に著者もビックリ！

れていたというのにである。スペインは判定に助けられ、この試合は2対1でモノにしたものの、最後まで調子を上げることなく、何とか駒を進めた2次リーグでは西ドイツ、イングランドの後塵を拝し、あえなく敗退した。

優勝候補筆頭のブラジルは、対戦相手から徹底的に狙われた。ユニフォームを破られたジーコは、審判に懸命にアピールをしたが、受け入れられず、怒るよりも、悲しそうな眼をしていた。昔のユニフォームは、現在のユニフォームと違って、とても丈夫にできていたのに…。このときの表情が忘れられず、以来、僕はジーコのファンになった。

そして、メキシコW杯では、言わずもがな、マラドーナの「神の手」である。メインスタンド側からの中継映像ではわからなかったが、イングランドの選手が主張したように、マラドーナは明らかに手を使っていた。バックスタンド側にいたラインズマンなら、気がつかないわけがなかったはずだ。

イングランド戦でマラドーナが「5人抜き」で2点目のゴールを決めたとき、これが欧州やイングランドでの試合であれば、必ず誰かが反則覚悟で倒しにいくところだが、イングランドは手が、いや足が出せなかった。激しいプレーを身上とするが、汚いプレーはしないというポリシーが、彼らにはある。普段は好きになれないイングランドだが、ここでは、さすがと感心して見ていた。しかし、逆に「これぞ幸い」とばかりに手を出したのが、マラドーナだったわけだ。

ホーム&アウェイでの判定の違いや、審判の気まぐれなジャッジも含めて、「それがサッカー」と受け入れられている土壌が、ニュートラルな世界で生きてきた日本人である僕には、理解できなかった。

大会当時、幻のチャンピオンといわれたのが、かつてバロンドールも獲得した〝快足〟オレグ・ブロヒン擁するソビエトだった。高温多湿の環境の中で、質的に一番評価の高かったムービング・フットボールを展開していたが、そんな彼らも、決勝トーナメント1回戦のベルギー戦では、度重なる不可解な笛により、延長戦の末に敗退の憂き目に遭った。とくにベルギーの2点目は、誰の目にも明らかなオフサイドだった。

余談だが、この試合が行われていたとき、僕はメキシコシティの空港で、すでに目的地へ向かう飛行機に搭乗していたが、試合が終わるまで飛行機は動かなかった。そして、機内アナウンスで試合の結果が告げられると、おもむろに飛行機は離陸態勢に入った。偶然にしては、できすぎである。

トップレベルの選手が集まる世界最高レベルの大会であるにもかかわらず、試合の生殺与奪が審判というわずか3人の生身の人間に委ねられている。ジャッジの判断には純粋なヒューマンエラーもあるし、そうでないときもある。

世界中が注目しているのに、必ず起こる審判の不可解な判断。なぜか「それも含めてサッカーだ」で許されてしまう風土…。白黒つけるスポーツに絶対的存在が必要なのは理解できるが、現在は映像技術が発達し、それを導入することで、審判の負担が軽減される方向に動いている。Jリーグでは、ルヴァンカップで審判5人制が導入されたが、これは人数を増やせば解決できるという問題ではない。

90年イタリア――
準決勝、マラドーナは
わざとPKを外すと思ったのだが…

マラドーナ擁するアルゼンチンの2連覇なるか？　欧州大陸での大会で、南米から世界王者が誕生するか？　開催地の魅力も相まって、90年のイタリアW杯は史上最高の大会になるのではないかと期待されたが、試合そのもののレベルは総じて低く、記憶に残る試合は、僕の中であまりない。

サッカーの本場、イタリアでの大会とあって、世界中から多くのメディアが詰めかけた結果、アジア1次予選で早々に敗退した日本からやって来た僕は、ピッチに降りるために毎試合、キャンセル待ちを強いられ、試合直前まで取材できるかどうかわからない、出たとこ勝負の日々を過ごした。「日本はW杯に出てないのに、なぜ来たんだ？」と、面と向かってイタリア人カメラマンからぶしつけな質問をぶつけられたこともある。僕にとって（サッカーダイジェストにとっても）3回目のW杯取材だったが、プライオリティはなく、出場国のカメラマンから白い目で見られるなど、針のむしろにいる気分だった。

開幕戦はアルゼンチン対カメルーン。当時、マラドーナはナポリでプレーしており、大会前のシーズンでは、クラブにとって史上2度目のリーグ優勝を果たしていた。しかし、開幕戦の会場はミラノのサン・シーロ。試合開始前、場内アナウンスがマラドーナの名を告げると、スタンドからは大ブーイングが起こった。観客のほとんどが、北イタリアの人々だったからだ。W杯の開幕戦という晴れの舞台でも、イタリアの南北問題が噴出してくるとは、正直、ショックだった。マラドーナは、ナポリでヒーローでも、ミラノでは最大のヒールだった。

そのマラドーナ率いるアルゼンチンが、ナポリで行われた準決勝で、地元イタリアをPK戦の末に撃破するとは、ミラニスタも、インテリスタも、そしてナポレターノですら、予想だにしなかったに違いない。

開幕戦は、カメルーンが個々の身体能力をいかんなく発揮し、2人の退場者を出しながらも、アルゼンチンを1対0で破る快挙を成し遂げた。この大会、ひょっとするとアフリカ大陸から初めて優勝国が出るのではないかと思わせるほど、カメルーンのサッカーは規格外だった。身体能力が高すぎるがゆえ、ファウルも多い。これがなくなれば、アフリカの時代が到来するのではないかという予感を、カメルーンの番狂わせは観る者に抱かせた。

準決勝のイタリア対アルゼンチンでは、思わぬアクシデントに見舞われた。

観客席にカメラマン席が用意され、チケットも試合開始前に受け取っていたが、いざ試合が始まると、我々カメラマン用にあてがわれていた席には、紳士、淑女が列席していた。一目でお上品な方たちとわかる出で立ち。FIFAのスタッフが確認すると、ちゃんとその席のチケットを持っている。いわゆる、オーバーブッキング状態で、どちらかが偽のチケッ

イタリアW杯のメインキャストとなったカメルーン。マラドーナ（左）にとって悪夢の始まりだった

ブラジルの徹底マークに倒され続けたマラドーナだが、ただ一度、踏ん張って決勝ゴールを生み出した

トというわけだ。この程度のことは、ナポリでは常識らしいが、FIFAの担当者はその場で頭を抱え、しゃがみ込んでしまった。人相風体卑しからぬ面々を、試合が始まって追い出すわけにはいかないからである。

結局、僕らピッチに降りられなかったカメラマンは、観客の邪魔にならないところで適当に陣取って、撮影をすることになった。お客さんは試合を観るために、僕たちは撮影するために、ここまで来ている。両者の目的が果たせるのであれば、多少、大会レギュレーションから外れても構わない――。マニュアル社会の日本では到底ありえない世界が、ナポリにはあった。

この試合、僕の記憶では、たしか後半の終盤に、イタリアに明らかなハンドがあったが、審判はスルーして、延長戦、そしてPK戦に突入した。イタリアが4人目のロベルト・ドナドーニが失敗した後、アルゼンチンはマラドーナに順番が回ってきた。彼が決めれば、イタリアは非常に厳しくなる。固唾を呑んで見守るナポリの観客たち…。

僕はこのとき、マラドーナはさまざまなことを考えて、意図的に外すのではないかと思った。ゲームの決着を、自分ではなく、他の選手に委ねるためにだ。しかし、彼は非情だった。PKを確実に決め、その後、イタリアの5番手であるアルド・セレーナが枠を外し、アルゼンチンが決勝進出を果たした。

試合後、勝ったマラドーナの顔はなぜか寂しそうで、敗者のようだった。その後、彼を巡るスキャンダルがイタリア国内で浮上することになるが、それはこの一戦がきっかけといわれている。

イタリアW杯では、条例によって試合当日、開催都市でのアルコール類の発売は禁止となっていた。取材する側とすれば、そのぶん、トラブルに巻き込まれる確率が減るだけにありがたかった。もっとも、僕自身も試合後の一杯にはありつけなかったわけだが…。

しかし、ナポリは違っていた。試合後、喜んでいる数少ないトランス状態のアルゼンチン・ファンを撮影していたら、酒に酔い、目の据わった若者のグループに囲まれ、因縁をつけられた。「なんで、あいつらを撮っているんだよ。ふざけんな！　俺たちを撮れよ！」という具合に。ピッチからの撮影だったら、せいぜい物を投げつけられるだけで済むが、僕がいるのは観客席だ。「シー、シー、セニョール」と言って撮影するフリをしながら、機材を抱え、脱兎のごとく走って逃げたのを覚えている。

イタリアでのマラドーナのプレーで忘れられないのは、決勝トーナメント1回戦のブラジル戦である。

攻めるブラジル、防戦一方のアルゼンチンという構図の試合ながら、両者スコアレスのままゲームは進んでいった。そして後半36分、マラドーナがハーフウェーライン付近からドリブルを開始。前回メキシコW杯のイングランドの二の舞を恐れたか、ブラジルの選手たちはマラドーナを取り囲む。その横で、ブロンドのロングヘアをなびかせて疾走するFWのクラウディオ・カニーヒア。マラドーナは相手のチャージに体勢を崩しながらも踏ん張り、珍しく右足でパスを繰り出す。ボールはブラジル選手たちの包囲の網をすり抜け、カニーヒアに渡った。

ブラジルのDFはマラドーナに引きつけられており、カニーヒアの前にいるのはGKクラウディオ・タファレルだけ。この絶対に外せない局面で、快足がウリのFWは、果たして決められるのか？　僕は、レンズ越しにシャッターを切り続けながら、固唾を呑んで見守っていたが、彼はワンフェイントでタファレルをかわし、あっさりと決勝ゴールを決めた。

このときばかりは、決定的なパスを出したマラドーナの素晴らしさ以上に、カニーヒアの冷静さに脱帽した。たしかにこいつは、ルックスだけで勝負しているんじゃないな、と。

94年アメリカ――
笑顔でW杯のピッチから去って行ったマラドーナ

アメリカ（合衆国）というより、〝アメリカ大陸〟

端正なマスクとブロンドのロングヘアで人気を博したカニーヒア。そのスピードは驚異的だった

での開催、と言ったほうがしっくりくる――それが、取材者としての実感だった。本音を言えば、時差を考慮して、東海岸か、西海岸か、エリアを限定してほしかったが、サッカー後進国であるアメリカ合衆国全土での開催は、FIFAの悲願でもあったろう。

開会セレモニーを筆頭に、各会場でのオープニングゲームの演出は、エンターテイメントの国らしく、どれも素晴らしかった。シカゴではダイアナ・ロスのステージでスタジアムを盛り上げ、サンフランシスコではサンタナが登場。新大陸でのオープニングにふさわしい、賑やかな幕開けを演出した。

余談だが、開会式当日には、元アメフトのスーパースターで、引退後は俳優としても活躍していたO・J・シンプソンが、元妻らに対する殺人容疑をかけられ、パトカーとカーチェイスを繰り広げる様がヘリコプターによって中継された。これは全米の人々の関心を集め、間もなく開幕するW杯の話題など、完全に吹き飛んでしまったほどである。

この大会は、86年メキシコW杯のときと同様、テレビ放映の時間を欧州のゴールデンタイムに合わせるため、ほとんどの試合が日中に行われた。にもかかわらず、各地の巨大なスタジアムは常に満員となった。

これまでの大会では、世界最高峰の戦いといえども、カードによって集客に大きな差があるのが普通だったが、お祭り好きのアメリカ人は好奇心が旺盛だったということだろうか。「サッカーを見る、楽しむ、応援する」というスタイルから、「ワールドカップというイベントに自分も参加している」という満足感を得るようになった記念すべき大会が、このアメリカW杯である。おそらく、スポンサーチケットなるものが飛躍的に増えたのも、この大会からではないだろうか。

また、真っ昼間だというのに、スタジアムの照明がついたままなのにも驚いた。まさに〝消費大国〟アメリカの本領発揮だった。

試合が始まっても、スタジアムは意外とノイジーで、スタンドを見上げると、常にざわざわしていた。大リーグやアメフトの感覚か。試合の流れに関係ないウェーブが本格的に始まったのも、このときから

WorldCupUSA94
17 12
WORLD CUP '94
ITALY 0
NORWAY 0
HALF 1
WELCOME TO GIANTS STADIUM
WorldCup USA94
JVC TV & VIDEO
JVC
Canon
PHILIPS
Sprint

巨大なスタジアムが、常に満員となったアメリカW杯。その後の大会運営に大きな影響を与えることとなった

だと思う。

過去3度のW杯を含め、世界規模の大会取材でいつも苦労するのは、宿の確保と、移動手段だったが、アメリカはどちらも素晴らしかった。24時間機能している交通インフラなどの充実が、広大な国での移動をすこぶる快適なものにしてくれたのである。


南米予選でコロンビアの後塵を拝し、オーストラリアとのプレーオフで辛うじて本大会に進んできたアルゼンチンの初戦の相手は、初出場のギリシャだった。


当日は雨まじりの曇り模様だったので、湿って艶のある芝生を背景に撮影をしようと思い、高さのある観客席の、最前列の席を選んだ。アメリカでは観客席にも、撮影しやすい位置にカメラマン席が用意されていた。僕は、メイン側のタッチライン際に設置された中継カメラのほぼ真後ろに陣取った。ベンチも、目と鼻の先の距離にある。ここを選んだのは、ゴールを決めた選手は、ライン際にあるテレビの中継カメラに向かって走ってくるというのが、当時のお約束事になっていたからだ。

キャプテンのマラドーナを筆頭に、アルゼンチンの選手がピッチに姿を現すと、スタンド最上段にいたアルゼンチンカラーのファン一群が、カメラマン席まで押し寄せてきて、「ディエゴ！」と叫び始めた。僕は足元にある機材を押さえ、400ミリレンズのボディを抱えて、身をかがめた。僕の後ろの席は、ギリシャからの団体客用にあてがわれていたが、彼らはすぐさま逃げていった。しかし、僕は機材があるため、逃げることも、ピッチに飛び降りることもできない。さあ、どうする、どうなる？

その後の展開は、僕の予想を超えたものだった。場内整理の大学生の若者たちが、彼らを押し返そうとしたが、もとより、そんなことで大人しく自分の席に戻るような連中ではない。すると、若者は無線機を出し、何やら責任者と連絡を取り合った。ボランティアのボスがFIFAのスタッフとやって来るのかなと思ったが、あにはからんや、すぐさま警察の一団が現れ、手にした警棒を、雨あられのごとくアルゼンチン・サポーターの頭上に振りかざした。

予選敗退の危機から母国を救ったマラドーナだったが、本大会では突然の離脱によってチームを崩壊させた

警告なし、問答無用。雲の子を散らすように逃げ惑う青と白の一群――。その情け容赦のなさに、僕は「アメリカ、ハンパねえ」と恐れ入った。

おかげで僕は、機材を盗まれることも、怪我をさせられることもなかった。アメリカでは「正義は力で守る」。それを肌で、いや全身で思い知った出来事だった。

試合では、僕の予想通り、ゴールを挙げた選手が中継カメラに向かってきた。マラドーナは鮮やかなパスワークからアルゼンチンの3点目を決めた後、テレビカメラ、そしてその後方でカメラを構えている僕に向かって走ってきた。

その表情は、少しばかり異様だった（134-135ページ）。大会前から、彼には良からぬ噂が立っていたが、それが間違っていないと瞬時に確信できるほど、マラドーナの顔は別人に見えた。

第2戦目のナイジェリア戦、アルゼンチンはカニーヒアの2得点で勝利を収めたが、試合後、この試合でもアシストを決めたマラドーナは、ドーピング検査を受けるため、係の女性に手をつながれ、笑顔でピッチを去って行った。

これが、この大会での、そしてW杯での、マラドーナの最後の姿となった。あまりにも無邪気で無防備な笑顔だった。まさか、自分がこの後、大会追放の処分を下されるとは、予想すらしていなかっただろう…。

ドーハの悲劇…
その瞬間を目の前で撮影できた理由

新大陸で多くの好試合が展開されたアメリカW杯。充実の大会だったと言えるが、そこにひとつだけ物足りなさを感じた。それは、日本代表チームの姿がなかったことだ。

本来であれば、日本はアジア代表として、この大舞台に立っているはずだったが、あと一歩のところで、その夢は打ち砕かれた。

ドーハの悲劇である。

　最終戦、最後の最後でイラクに引き分けに持ち込まれた原因として、当時、ラモス瑠偉や武田修宏の攻め急ぎを指摘する声が挙がったものである。それらは、試合でのポイントのひとつではあるかもしれないが、僕は違うところに原因があったと思っている。一志和夫氏の『狂気の左サイドバック』（新潮社）にも詳しいが、オフトジャパンの現場をつぶさに見たひとりとして言わせてもらうなら、行き着くところはやはり、都並敏史、その人になる。

　左SBとして抜群の存在感を発揮し、オフト監督の信頼も厚かった都並だが、93年5月、開幕したばかりのJリーグの3戦目で左足首を負傷し、さらにその後、疲労骨折も判明する。オフト監督は都並の復帰を願ったが、最終予選になってもコンディションは戻らなかった。そして、その代償はあまりにも大きかった…。

　SBとして、スケール感のある左利きの江尻篤彦が、予選前に行われたスペイン・カディスでの合宿に呼ばれたが、チームのスタイルに馴染めなかった。ボール回しやゲーム形式の練習のみならず、現地で行われた練習試合でも、ラモスから江尻にほとんどボールが入らないのだ。オフトの選択に、ラモスが納得していなかったのは明らかだった。

　そして、江尻に代わって呼ばれたのが、三浦泰年、カズの実兄だった。しかし、彼は本来、左SBの選手ではない。リスクを最も嫌うタイプの監督であるオフトの選択とは、到底思えなかった。主力選手と監督との齟齬《そご》は、大事な最終予選の前に、チームに微妙な綻びを生じさせていた。

　結局、最終予選の最中、左SBは三浦ヤスから、元々のバックアッパーだった勝矢寿延に代わった。都並は結局、間に合わなかった。

　そして、迎えたイラクとの最終戦。日本が2対1のリードのまま、タイムアップの瞬間が近づいていた。そのままのスコアで終われば、日本は初めてのW杯出場となる。

　イラクゴールの裏側で撮影をしていた僕は、反対

復帰をめざして必死にトレーニングに励んだ都並だが、練習場の隅で痛みに苦悩する姿も見られた

側のゴール裏へ移動するため、バックスタンドの前を歩き始めた。なぜなら、松永成立が守るゴールの後ろのスタンドには、日本の応援団、サポーターたちがいたからである。

本来、試合中の移動は禁止されているが、予選最後のゲームということもあったし、またタイムアップ直前であれば、不問に付される場合が多い。確信犯で動いたのだ。

アディショナルタイムに入るところで、イラクがカウンターを仕掛けて、センタリングを上げると、松永が逆を取られながらも、辛うじてパンチングで防ぎ、CKに逃げた。これを、コーナフラッグ近辺をゆっくりと歩きながら見ていた僕は、とっさに「やばい！」と思い、すぐさまバッグを放り出して、70‐200ミリのレンズを構えた。

イラクは、予想に反してショートコーナーでプレーを続けた。僕はレンズを覗きながら、心の中で日本の選手たちに向かって「誰か早く来い！」と叫んでいた。するとフレームの中に、カズが入ってきた。イラクの選手は、フェイントを入れてから前に抜けてセンタリング。カズは一瞬遅れてから、懸命に足を伸ばしてブロックしようとしたが、ボールは彼の足先を通り抜けていった。そして、すぐさまカメラをゴール前に振ると、頭ひとつ高く飛び上がったオムラムの頭を経由したボールは、ゴールに向かって孤を描いていた。

入るとは思わなかった。入ってほしくなかった。

呆然とするゴール前の選手たち。そして彼らはすぐに、その場に崩れ落ちた。

同点…。その後のことは、あまり覚えていないし、思い出したくもない。

試合後、現像から上がってきたポジフィルムは、4倍オーバーだった。僕があのとき、日本のゴール裏に向かったのは、タイムアップ後、サポーターと選手たちがW杯初出場の喜びをゴール裏で分かち合うシーンを撮るためだった。そのため、あらかじめシャッタースピードを125分の1に下げていた

BISHI
ORS
CAR
AUDIO
SNICKERS

のである（通常、試合を撮影するときは500分の1）。しかし、撮影したときも、その後も、茫然自失の状態だったので、試合を撮影したフィルムと同じ現像指示でラボに出してしまった。本来だったらゴミ箱入りのしろものだが、〝記録〟としては意味があると思い、保存しておくことにした。

上がってきた写真は、プロとして恥ずかしい限りの出来ばえだったが、それなりに存在価値があるものだと思っている。

カズの足がもう少しだけ長ければ——もちろん、彼のせいということではない——、日本のサッカーの歴史は変わっていただろう。少なくとも、横浜フリューゲルスの消滅や、2002年W杯での韓国との共催はなかったはずだ。

あのときゴール裏に行ったのは、日本のW杯出場を確信していたからだが、まさか日本を奈落に突き落とす瞬間を、自分の手で撮影することになるとは、予想だにしなかった。サッカーは、タイムアップの笛が鳴るまでわからない。それをこの「ドーハの悲劇」で実感したわけだが、同じことを4年後、ジョホールバルでも味わうこととなった。

それにしても、最後のショートコーナーの場面で、イラクの選手を止めに行ったのがカズだったとは…。あの瞬間の写真を見るたびに、僕の心にはいまでも、ため息とも感動ともつかない、複雑な思いが湧き上がってくるのである。

CKERS
MasterCard
Coca-Cola
SANYO

ion
CAR
AUDIO
diadora
DIADORA
11

巻末企画　エル・ゴラッソ連載「紙つぶて」11選
& 六川則夫 vs 川端暁彦（元編集長）── 回想・懐古対談

『紙つぶて』を「エル・ゴラッソ」紙上に連載しようと考えた直接的な動機は、長年サッカーカメラマンをやってきて、写真だけでは伝えきれない〝もどかしさ〟があったからだった。

専門誌という性格上、何よりも試合の客観的報道が優先される。試合のターニングポイントとなったパス、試合を決定づけたゴール、勝利の歓喜に湧くイレブン、そして敗北に打ちひしがれるイレブンと、限られたスペースの中で、編集者はチーム担当記者の記事原稿と写真をベースに、鳥観的な紙面構成をしなければならない。

その代償として、現場＝ゴール裏で感じた熱や矛盾は、良い意味でも悪い意味でも濾過されて読者へ届くのだ。

専門誌のカメラマンの仕事は、ライター、編集者、そして、その先にいる読者のニーズに応える写真を外さないことが、最大のミッションである。

得点が多く入らない競技であるサッカーにおいては、何よりもゴールの瞬間の写真は必須。ピントが合っていなくても、遠くても、水平のレベルが狂っていても、ゴールシーンは何にも代えがたい。記録とは決定的瞬間に他ならないからだ。

「サッカーダイジェスト」（日本スポーツ企画出版社）で仕事をしていた頃、当時、バリバリの若手編集者だった金子達仁氏が、僕のピンぼけのゴールシーンを掲載した。刷り上がった誌面を見て「他にもっと良い写真があったろう」と上から目線で言うと、逆にこう諭された。

「六川さん、この試合を観ていない読者に伝えるには、このゴールシーンは外せないんです」

加えて、「かえって、ちょいピントが甘いほうが、臨場感があっていいですよ」と。これは金子氏特有の先輩に対する気配りだったと思う。

ネットの情報は無料というビジネスモデルが当たり前になる波に抗うようにして生まれた紙媒体が、サッカー専門の新聞として04年に登場した「エル・ゴラッソ」だった。

サッカーのみならず紙媒体そのものがゆっくりと衰退していく中での創刊は、新鮮な驚きであった。

僕の連載コラム『紙つぶて』は、サッカー専門媒体に、新たにタブロイド版の新聞として名を連ねたエル・ゴラッソに、敬意とオマージュを込めてつけたタイトルである。

ひたすら放ち続けた『紙つぶて』も500回を超えた。

思い起こすと、僕がまだ月刊サッカー雑誌の熱心な読者だった頃、むさぼるように読んでいたのは、賀川浩さん、牛木素吉郎さん、中条一雄さん、荒井義行さんらのコラムだった。その原体験が、僕とサッカーとの遠すぎず、近すぎない距離感を作ってくれたのだと、いまになって改めて思う。

ゴール裏というポジションは、まさに、その距離感を僕に与え、感じさせてくれる格好の居場所だ。そして僕は、そこでつかんだサッカーの匂い、空気感を、これからも出し続けていきたい。

今回はそんな連載の中から11本の傑作（？）を選ばせてもらった。日本代表という一つの軸がありつつも、自分なりの視点で選んできた多岐のテーマに触れている。

その上で、当初から最も長く連載コラムの編集者として関わってくれたエル・ゴラッソの元編集長である川端暁彦氏を迎えての対談も行わせてもらった。

日本代表という縦糸をたぐりながら、日本サッカーの『これから』にも触れてみた。

『紙つぶて』はエル・ゴラッソ金曜発売号に毎週連載中

コミュニケーションスキルならこの男。WBCにこの男がいたなら…

六川則夫の紙つぶて 第21回 2006年3月17日発売号
日本代表とコミュニケーションスキル

ワールド・ベースボール・クラシック(WBC)、日本代表は米国相手にホームタウンデシジョンに泣かされ惜敗した。王貞治監督は「野球の母国でこのようなことがあってはならない」と試合後に語ったが、野球の母国というプライドがあったからこそ、あの主審は勇気を持ってアメリカを救ったのだろう。間違いなく確信犯だ。

判定を覆した主審に、王監督は通訳を介して抗議をしていたが、直接彼と英語でやり合ったら、日本チームの意志、存在感をアメリカ人に強烈にアピールできたに違いない。国際舞台で戦うときは、コミュニケーションスキルがいかに大切か、改めて思い知らされた。

もし、これがジーコ監督であれば、自分の全存在をかけて主審＝アメリカのシンボルと戦ったに違いない。そのことで自分のキャリアを傷つけることになるかもしれないが、それでも向かっていくのが、ワールドスタンダードの内幕を熟知している、我らがジーコ監督である。

翻って、日本のサッカー選手で最もコミュニケーションスキルが優れているのは誰か。宮本恒靖をおいて他にいないだろう。2004年7月31日、アジアカップ準々決勝対ヨルダン戦。PK戦で先行された宮本は、悪い流れを変えるため、主審に歩み寄ってサイドを変えさせた。結果的にそれが功を奏し、日本は最終的にアジアチャンピオンに輝いた。

冷静な判断と行動力、それを相手に知らしめる言語スキルの巧みさ。中田英寿と並んで、良くも悪くも日本の生命線なのがこの男である。

※再録にあたり、一部加筆修正しています。

オシムジャパンの主軸は過密日程に倒れた

六川則夫の紙つぶて 第46回 2006年10月20日発売号

日本人のキャパシティ

ガンバ大阪の遠藤保仁が、肝機能障害の疑いで戦列を離れた。クラブ、代表での厳しい日程に、体が拒絶反応を起こしたのだろうか。

運動量が要求されるオシムジャパンの中核として、その役割を果たしてきた遠藤の突然のリタイアは、日本のサッカー選手が抱える本質的な問題を提起しているように思えてならない。古くは釜本邦茂、柱谷幸一、そして「オーバートレーニング症候群」と病名が違うとはいえ、98年フランス・ワールドカップ後の市川大祐、00年アジアカップ後の森島寛晃、今年の森崎和幸らは、全身倦怠、睡眠障害等で戦線からの長期離脱を余儀なくされている。

ジーコ監督がW杯後の記者会見で、日本のフィジカルの弱さを致命的な欠点として挙げていた。「日本人の我々に、何をいまさら」と思ってしまうところだが、改めてW杯での戦いで、この外国人監督は日本人の欠点を痛感したのだと考えるべきだろう。オーストラリア戦の空中戦における筋力のなさ、回復力の遅さは、個としての日本人の肉体的限界を際立たせていた。W杯後の中澤佑二のJリーグにおけるパフォーマンスは、日本人ナンバーワンのCBだった男が受けたダメージを如実に表している。

日本は「走る」オシムのサッカーを選択した。方向性としては間違っていない。しかし早くもオシムジャパンが抱えている二律背反性が、遠藤という触媒によって明らかになった。果たして、オシムのサッカーで連戦を戦い切れるほどの肉体的容量が、日本の選手にはあるのだろうか。

微妙な距離感があるように映るのだが…

六川則夫の紙つぶて 第109回 2008年2月29日発売号

岡田監督と大木コーチの距離

指宿合宿後半から目立ち始めたのが、岡田武史監督と大木武コーチの微妙な距離感である。一人突出するのを恐れているのか、あるいは大熊、小倉両コーチに気を遣っているのか、自分の居場所に戸惑っている感じがあった。

2月になったら、代表人事もあって、シンプルな岡田－大木体制に移行するのかと思ったら、加藤好男GKコーチを入れて、相変わらずの4人体制である。代表チームのコーチにこれだけ人数を割く国は、たぶん他にはないだろう。

では、加藤コーチのように、ポジションごとのスペシャリストとしての役割を与えられているのかというと、それにも疑問符がつく。FW担当、中盤担当、DF担当と役割が細分化されていれば、このシステムの意味を感じるのだが、実際は「船頭多くして船あまり進まず」感が漂っている。

重慶に来たら、岡田監督と大木コーチの距離が、さらに離れてしまったように映る。練習場でも、試合中のベンチでも、大木コーチの役割があまり見えてこない。練習場での2人の接近遭遇や、話し合っている光景は、常に意識して見ていないと、シャッターチャンスを逃すほど少ない。

「大木さん、練習中にリフティングをしている場合ではないですよ」と、ツッコミを入れたくなるほど、一人遊びに熱心である。果たして2人の間に何かあったのか。

優勝が懸かった韓国戦、アウェイのバーレーン戦を意識したシステム、選手起用は、はっきり言って失敗した（田代有三が可哀想だった）。チームの作り方に考えの違いが発生したのか…。いずれにせよ、監督は岡田さんであり、大木さんはコーチである。

センターボトムでチームをコントロールし続けた長谷部！

六川則夫の紙つぶて 第130回 2008年9月19日発売号

長谷部が凄い！

9月6日に行われたバーレーン対日本（2-3）戦の後、10日、ザグレブでクロアチ対イングランド（1-4）戦を取材。12日のフランクフルトの試合はピッチコンディションの問題で中止となり、稲本潤一を見ることができなかったが、翌13日、ベルリンで行われたヘルタ・ベルリン対ヴォルフスブルク（2-2）戦では、長谷部誠がボランチとして先発出場を果たした。そして14日は、ボーフム対ビーレフェルト（2-0）戦で、後半途中から登場した小野伸二の個人技を堪能した。

イングランドはエミール・ヘスキーが復帰し、彼とウェイン・ルーニーによる前線からの連動したプレスは、息を呑むような美しさだった。さらに、セオ・ウォルコットのスピードと個人技を生かすために、サイドに張る彼にボールが渡ったとき、必ずと言っていいほど、トライアングルを作り、スペースを作っていた。個で勝るイングランドさえ、組織として連動した「走り」と「サポート」を、90分間繰り返していた。その結果が、ホームで連勝記録を更新中だった、クロアチアの粉砕である。

イングランドから受けた熱が冷めやらぬ3日後、再び同様の体験をすることができた。ヴォルフスブルクの長谷部である。初めてのボランチにもかかわらず、攻守の基点として、潰し、つなぎ、飛び込み、なおかつ、バイタルエリアのスペースも常に意識したポジショニングを見せていた。早い話が、ボールを中心に、その円周を走りまくっていたのだ。ボール保持者の視野に、長谷部は必ず登場していた。

パーツとして与えられた役割以上の仕事を果たし、抜群の存在感を発揮していた。何よりも、チームメイトに信頼されていたのがうれしかった。小野がかつてフェイエノールトでボランチをやっていたとき、相棒はポール・ボスフェルトだったが、長谷部は彼に近かった。センターボトムで、チームを攻守にわたってコントロールする初めての日本人。僕の脳裏には、そう焼きついた。それは、ヒデも、稲本も、シンジでもできなかったことだ。

長谷部の質の高いフリーランと判断力は、個でも組織でも2番手、3番手である日本人が、最も鍛え、磨かなければならない部分である。

練習非公開のツケは結果的に現場に回ってくるはずだが…

六川則夫の紙つぶて 第220回 2010年10月8日発売号

原委員長に物申す

日本代表発表の記者会見において、アルベルト・ザッケローニ監督は「練習は原則として非公開にしない」と語っていたが、その舌の根も乾かないうちに、練習2日目から非公開となった。どうやら監督の意向として、フィジカルトレーニングは見せるものの、戦術練習は基本的に非公開の方針のようである。それならば、記者会見ではっきりとそう語り、理解を求めるべきだった。

初日に公開された練習を受け、新聞媒体は、ディフェンスラインの動き方に対する意識づけを図解入りで報道していた。スポーツ紙サッカー番記者の力量が問われるものだったと言える。個々の記事についての評価はさまざまだろうが、「専門的な内容を、興味を持っているファンに伝えよう」という意志の見えるものだった。

だが、どうだろうか。

練習が非公開となった2日目以降は、一転して食事のメニューにイタリアンが増えただとか、本田圭佑がこんな服を着て来日した、といった、サッカーの本質から離れた枝葉末節部分を誇大に広げたような記事ばかりとなってしまった。

現場の記者も、それを読む読者も、実のある記事によって共に育っていく。書かれた監督や選手も然りである。

このままでは、「練習を見られない→紙面を埋められない→選手のコメントや、ピッチ外の些細な出来事から誇大な記事を書く、あるいはゴシップに走る→サッカーそのものに対する興味や関心は喚起されない」という、残念な流れに陥っていくのは明らかだ。

いまだ、日本サッカーは黎明期である。発展の可能性を自ら奪って負のスパイラルに陥ったのが、岡田ジャパンではなかったのか。オシムジャパンの継続した練習公開が、日本サッカー界にどれほど大きなものをもたらしていたことか。

原（博実）さん、あなたは在野にあって、それを見ていたはずである。

Jリーグ中継が実質一局独占になり、一般的な場での話題性に乏しくなった現実を見れば、情報の伝達回路を限定することは、日本のサッカー界にとってマイナス要素のほうが大きいのは明らかである。

ぜひ、もう一度真剣に考えてみてほしい。

いくら非公開練習後、原さんがフォローして語ったとしても、それは原さんのバイアスがかかった情報でしかない。「記者を育てる」という意味では、むしろマイナスでさえある。

“特別な時間”が、そこにはあった

六川則夫の紙つぶて 第353回 2014年1月17日発売号

国立最蹴章 ろくでもない 素晴らしきサッカー

千駄ヶ谷駅から国立競技場へ向かう道筋は、試合開始1時間以上も前から人の列が絶えなかった。撮影機材を引く自分も、邪魔にならないように、歩道いっぱいに広がった流れに沿って歩くしかなかった。

千駄ヶ谷門前の交差点では、海外とは逆に、人の流れで滞る車を優先的に通していた。信号が青でも、誘導員の指示に従う人々。これまた日本らしい光景である。

現在の国立競技場で行われる、最後の全国高校サッカー選手権決勝を見ようという、あふれんばかりの人の波に圧倒された。

たかが成長途上の高校生同士の試合ではないか。しかも組み合わせは、富山第一対星稜という、北信越同士の対戦である。僕を含めて、高校サッカー一見（いちげん）サンにとって、決して“引き”は強くない。両チームに強烈なスター選手がいるわけでもない。

しかし、目の前で繰り広げられた光景は、試合前後も含めて、言葉にならない時間の連続だった。

初めて国立で試合を見たのは、1964年10月23日、東京オリンピックのサッカー決勝、ハンガリー対チェコスロバキア戦だった。そのときは、緑の芝とタータントラックのコントラストに息を呑んだ。サッカーがパスゲームであることも、このとき教えられた。以来、聖地・国立から、そこでプレーをした選手たち、ヒーローから、僕は数え切れないくらいの恩恵を受けてきた。

しかし、それらにも増して、2014年1月13日、西日を浴びながら一喜一憂する人々でぎっしり埋まったバックスタンドの光景は、抱きしめたくなるほど美しかった。この日は、ここでプレーをした選手も、スタンドにいた観客も、働いていたスタッフも、時間が経てば経つほど、記憶の中で存在感を増す、特別な一日、特別な時間になっていくはずだ。僕の初めての国立がそうであったように。

世界でも類を見ないサッカーのありようが、この国にはある。缶コーヒーのコピーではないが、「このろくでもない素晴らしきサッカー」が、ここで輝いている。

Jヴィレッジ。芝生のピッチは駐車場になっている

六川則夫の紙つぶて 第423回 2015年7月24日発売号

Jヴィレッジと新国立競技場をつなごう！

新国立競技場のデザインが、安倍晋三総理の決断で振り出しに戻った。

白紙撤回されたザハ・ハディド氏のデザインが決まったのは、2012年11月である。NHKはそのタイミングに合わせるかのように、コンペに挑んだデザイナーをフォーカスしたドキュメンタリー番組を制作、放映した。結果的に3位に入賞した日本人デザイナー妹島和代、西沢立衛両氏の仕事についてである。番組では、いま話題になっている安藤忠雄氏を筆頭とする、有職者会議の模様も映し出されていた。ルーブル美術館ランス別館など、周辺環境との共生をテーマとした両氏の作品は、五輪以降の活用も意識したレイアウトになっており、とても好感が持てるものだった。

ただ、このコンペ自体は、IOCに対する五輪招致のプレゼンテーションの一環であるため、デザイン主体の評価で、それに伴う実施設計者は選ばれていなかった。これが、のちの予算肥大化につながった。

新国立競技場の有効利用に、五輪後、プロ野球在京球団のホームにしたらどうかと、与党議員の一人が提案しているが、一難去ってまた一難である。

僕は東京五輪、パラリンピックを震災復興五輪、パラリンピックと捉えている。そう世界に向けて発信することが、原発事故と向き合う日本人の役割ではないか。大熊町や富岡町、Jヴィレッジを走る国道6号線は、新たに作られる国立競技場をはじめ、すべての五輪会場にもつながっているのだ。

今後、内閣が主導することになる雲行きだが、このことをいま一度思い起こして、五輪のシンボルである新国立競技場に、コミットメントしていくべきだろう。それができてこその「アンダーコントロール」である。

大仁邦弥会長は以前、Jヴィレッジの場長をされていた。現在、Jヴィレッジは原発事故の収束に向けて、なくてはならない存在になっている。5年後の2020年、海外から日本を訪れる人々に対し、福島やJヴィレッジについて語れる言葉を、サッカーファミリーは共有しないといけない。

フットサルに続く、大舞台でのカズの代表ユニが見たい

六川則夫の紙つぶて 第472回 2016年8月5日発売号
五輪男子サッカーは「オーバーカテゴリー」で

ギリギリまで久保裕也の招集に関する交渉が続けられたが、選手登録の手続き上、タイムアウトとなった。

いまや、まったく必然性も説得力もないU-23という年齢カテゴリー（フル代表を五輪に出したくないFIFAの意向）、それを補完すべく加えられた3人のオーバーエイジ枠（年齢制限に対するIOCの対案）、強制力を持たない代表選手の招集を巡る所属クラブとの綱引きと、サッカーの男子五輪代表は、毎回、FIFAとIOCの不可解な取り決めに翻ろうされている。

今回はそれが、手倉森ジャパンにも直撃した。もういい加減に、時代にそぐわない23歳以下という年齢設定は外すべきではないか。

サッカー選手も他の個人競技同様、トップレベルの低年齢化が加速している。10代でA代表やトップレベルのクラブチームで活躍している選手は少なくない。FIFAはW杯のブランドを守るために、五輪の出場チームに年齢制限を設けたが、23歳で線引きする理由は、もはや見当たらない。

あくまでも年齢制限にこだわるなら、アンダーカテゴリーではなく、オーバーカテゴリーを設定したらいい。30歳以上、プロアマ問わずだ。日本のシニアのサッカー人口は年々増え続けている。

そのレギュレーションで選手を選んでみよう。三浦知良、大久保嘉人、中村俊輔、中村憲剛、遠藤保仁、松井大輔…。いや〜、凄いメンバーが揃う。監督は風間八宏で決まり！

今年最高の笑顔は柴崎岳

六川則夫の紙つぶて 第492回 2016年12月23日発売号

鹿島の恍惚

敗れたとはいえ、鹿島アントラーズの戦い方は大方の予想を覆し、勝利の可能性も十分感じさせるものだった。チャンピオンシップ（CS）から試合を重ねるにつれてプレーの質が上昇し、クラブワールドカップの決勝では、レアル・マドリーの選手たちに敗戦の恐怖すら与えた。そこには、アジアで結果を出せないでいた鹿島の姿はなかった。一体、何が鹿島を変貌させたのか。

CS決勝で浦和を破り、クラブW杯の出場権を獲得したとき、鹿島にスイッチが入ったのは想像に難くない。初戦のオークランド・シティー（オセアニア代表）戦こそ2-1と苦戦するが、アフリカ代表（マメロディ・サンダウンズ）、南米代表（アトレティコ・ナシオナル）を連破。3戦して7得点1失点という数字と試合内容は、結果が決してフロックでないことを証明した。

そして、決勝のR・マドリー戦である。早い時間帯に先制されたものの、シーズン3ゴールしか挙げていなかった柴崎岳が、この試合で2ゴールを決めた。しかも、2点目は文句なしのスーパーゴールである！

クラブW杯の前身、トヨタカップは第1回から取材をしているが、鹿島の戦いを見て、改めてクラブ世界一を決める舞台が持つ、不思議な力を痛感した。人気と実力を兼ね備えた欧州クラブに対し、選手を供給する側の南米勢が、いわば意趣返しをする最高の場が、この大会のファイナルだった。

そこで見せる南米勢の戦いは、少ないチャンスを仕留める勝負強さ、サッカーの懐の深さを教えてくれたが、日本のクラブチームである鹿島も、同じメンタルやフィジカルでの粘りを見せてくれた。

それは、ファイナルのピッチに立った者しか感じ得ない、戦うことへのエクスタシーの発露だった。

久保クン、何を話してるの？

六川則夫の紙つぶて 第513回　2017年5月26日発売号
素晴らしき15歳・久保建英の「距離感」

U-20W杯、グループステージ初戦の相手は南アフリカ。日本は早い時間帯に先制点を許し、0-1のビハインドのまま、前半を終えた。手前味噌ではあるが、これでFW久保建英の登場が、後半早い時間帯から期待できると、密かに喜んだ。

FW小川航基の得点により同点で迎えた59分、これまで左サイドで奮闘していたMF三好康児に代わって、久保が2トップの一角に入った。

登場するなり、ファーストタッチでスルーパスを出して、スタジアムをどよめかせると、72分には堂安律の決勝ゴールを“ノールック・クロス”でアシスト。31分間のプレータイムで、評判に違わぬ存在感を示した。

15歳の久保に対して「騒ぎすぎ」との声もあるが、フィギュアスケートや卓球、将棋の世界でも、10代半ばで、すでに世界基準の選手が日本にはいる。メジャースポーツであるサッカーも、遅ればせながら彼らと肩を並べた。久保をして非凡な存在たらしめているのは、試合中のプレーのみならず、常に自然体なところだ。

練習のミニゲームでは、以前は遠慮がちだったボールホルダーへの指示や仕草も格段に増え（内山篤監督以上である）、この年齢、この立場にして、すでに周囲との距離感を把握している。メディア対応も、DFの中山雄太や富安健洋のような、大人の風格、社会性も身に付けている。小野伸二が登場したとき、天衣無縫な性格と一体化したスキルフルなプレーに胸がときめいたが、久保の場合はすでに、世界の中で、自分の居場所をわかっているようだ。

その「距離感」が素晴らしい。過去、あまたの早熟な選手を見てきたが、距離感をつかめないまま、やがて失意のうちにサッカー界から去っていく若者たちが多かった。

磐田で行われた親善試合・ホンジュラス戦でも、この南アフリカ戦でも、久保はマーカーの選手から何やら話しかけられていたが、サッカーではあまり見ない光景である。一体、どんな会話を交わしていたのだろうか。

川島の怒りも十分に理解できる、痛恨の失点…

六川則夫の紙つぶて 第515回 2017年6月28日発売号

日本という環境

韓国で行われたU-20W杯は、イングランドがベネズエラを1対0で下して優勝した。

ベスト4に進んだのは、他にイタリアとウルグアイ。つまり、日本が戦った3チームが上位残った。この3チームに対する日本の戦績は1分2敗。海外での実戦を積んで臨んだとはいえ、やはり地理的な環境の違いは、いかんともしがたいものだった。

決勝トーナメント1回戦まで、日本の戦いを中心に試合を追いかけたが、最も印象に残ったのはウルグアイのボールクリアだった。

クリアは、ボールの出し方、蹴り方で、チームメイトへのメッセージにもなる。言葉で伝えるよりもストレートだ。マルチボールシステムになって、遠くにボールを蹴り出しても、すぐにゲームは再開される。そのため、スタンドの観客席に向かって大きく蹴るクリアは、あまり見かけなくなったが、ウルグアイの選手は、躊躇なく思い切りクリアをすることで、チームメイトの士気を意図的に高めていた。現在では、フットサルでよく見かける光景である。試合の流れを切ることで、気持ちをリセットして集中力を高めるのだ。

翻ってロシアW杯アジア最終予選のイラク戦、1対0とリードしている状態で、自陣ゴール前でなぜ、吉田麻也はクリアを指示した川島永嗣のメッセージを聞こうとしなかったのか、不思議でならない。

はっきりしたプレー、クリアで試合を切れば、動けなくなっていた酒井宏樹を含め、押し込まれていた日本は、守備の陣形を立て直すことができたはずである。2013年にブラジルで行われたコンフェデレーションズカップのイタリア戦でも、吉田は同じようなミスを犯している。

「ミスしても許される環境などないのがプレミアリーグ」と自ら語っているが、日本代表ではなぜ、同じミスを繰り返すのか。吉田に習えば、日本という環境そのものが問題と言えるのだが、それでは海外でいくら進化しても、代表チームにその経験をフィードバックできない。8月のオーストラリア戦は、本当に大丈夫なのか…。

「ジーコは自分の現役時代に味わった〝不愉快〟から選手を自由にさせたかったんだ」（六川）

川端暁彦（**以下、川**）「縦糸で日本サッカーを振り返るとなると、まずはジーコジャパンの話ですよね。連載の始まった04年は就任して2年を経た真ん中の時期でした」

六川則夫（**以下、六**）「前任のトルシエは毀誉褒貶が凄くて、人間的には間違いなくぶっとんでいる監督なんだけれど、下のカテゴリーの代表まで彼が見て、ある意味で独裁者気質な人に独裁権を与えていたという感じだったな」

川「ただ、成果もありました」

六「そう。そして02年に前後して選手が欧州に出て行く動きも活性化し、日本はここからどこに行くんだろうかという思いも出てきていた」

川「あるいは、『どこまで』行けるんだろうか、ですよね」

六「それこそW杯優勝を目標に行こうよ、というのもあった。でも、ジーコ体制になってから始まったのは、ゆるやかな停滞だったんだ」

川「六さんが取り上げている11選の中にあるアジアカップについても、評価は当時から分かれていました」

六「そうだな。でも、このアジアカップは印象深いよ。開催地は中国の重慶。日本が戦争中に空爆をして甚大な被害を与えたところが会場だった。僕でさえ経験したことのないほどの凄まじいまでのアウェイ感。君が代に対してのブーイングもあったけど、選手は宮本恒靖以外、ほとんどが『なぜ、これほどの敵意を向けられるのか』を知らなかったんだ。でも大多数の日本人も、知らないことではあるんだろうな」

川「それこそ代表と同じく23人に1人は知っているくらいなんでしょうね」

六「そう、たしかに。そんなアウェイ感たっぷりの中でやって日本は勝つんだけど、やっぱりヨルダン（準々決勝）とのPK戦だよね。あそこでエンドを変えるというのは…。何が一番びっくりしたかって、審判が言うことを聞いちゃったこと（笑）。宮本は悪い流れを切るために言ったんだろうね。それで本当にスイッチが日本側に入って、劇的な大逆転。その勢いのまま決勝で中国と当たって、横綱相撲で優勝した。そしてアジアカップはジーコにとって、一番のハイライトになったわけだ」

川「そのパターン、実は多いような…。初優勝のオフトジャパン然り」

六「そういう意味では、ザッケローニ体制もそうだったしね」

川「ただ、あの大会で際どい勝負を勝負強く拾っていく能力がジーコにはあるんだなと、みんなが思った」

六「まさに、その後のW杯予選がそうだったもんね。内容的に」

川「シンガポール戦とかですね」

六「藤田俊哉の一発！」

川「ミラクルはミラクルだが、こんなところでこれでいいのかと（笑）」

六「敵がオウンゴールを入れたり」

川「北朝鮮戦で大黒将志が奇跡のゴールを決めたのもありましたね」

六「ジーコジャパンって、選手が自分たちの良い方向に持っていけば良い結果にできたけど、結局ドイツの本大会でさ、すべてが裏目に出てしまうことになる。そして、そのツケからポスト・ジーコは、ドーンと反対側にブレるわけだ。一貫性なし…。オフトからファルカン、そこから加茂さんという流れのときから変わってないよね」

川「で、『とりあえず岡田で』みたいな。実はこの後も『とりあえず岡田で』は来ますからね（笑）」

六「来るんだよな。あとトルシエのときだと、練習は非公開が中心だったんだけれど、ジーコは全部見せる人だった。ブラジルスタイルというのか、逆に見せることで一体感を高めよう、盛り上げようとしていたのかな」

川「そもそも、戦術的な練習はしていなかった印象もありましたが」

六「最初のうちはやっていたんだけどね。途中からもう、シュート練習ばかりをやるようになったね。それも単純なシュート練習。選手の集中力が乗ってこないのが、写真を撮っていてもわかるんだよ。飽きてきちゃうんだよね」

川「無理もないですね。でもジーコの感覚では、『これくらいでいい』という感じだったのかもしれません。練習で怪我人が出るのをすごく嫌がっていて、小野伸二が練習で負傷したときもナーバスだったじゃないですか」

六「怪我を恐れて、練習試合の相手も高校生チーム。たしかにジーコは慎重だった」

川「ブラジル人、あるいはジーコみたいな名手だと、練習はリラックスして流しながら感覚だけ掴んで、『試合になったら本気を出す』みたいなメリハリの感覚があるのかもしれません」

六「以前にグレミオへ取材に行ったときもそうだった。一ヶ月のドキュメンタリー撮影で行って、まず練習でいろいろな技術を見せてもらおうと思っても、全然決まらないんだよ。でも、難しいボレーシュートもバナナキックも、試合になると一発で決めちゃうんだ。なんなんだこいつら、みたいな（笑）」

川「逆に練習で抜いているから、本番でできるという思想もありますよね」

六「実は、ヒデもそのタイプだよね。練習では明後日の方向にばかり飛んでいくのだけれど、本番になると質の違うシュートが飛んでいった。ジャパニーズ感覚だと『練習で決まらなければ本番で決まるわけないだろう』というのがあるけれど、思い込みなのかな？」

川「ジャパニーズ感覚では、練習で100できたら本番で50できるか、というイメージじゃないですか。ブラジルの感覚は、本番で100を出せばいいだろうみたいな。逆ですよね」

六「ジーコのことは現役時代からずっと知っているし、フラメンゴのユニフォームでツーショットも撮っているし、僕にとっても神様みたいな人。そのジーコが、どうしてああいうタイプの監督になったかについては、いろいろと考えるんだよね。彼の現役時代、監督から、特に代表監督から不愉快な仕打ちを散々されてきているわけで、自分が代表監督になったときに、それをやらないようにしようというのはあったんじゃないかな？」

川「ジーコの理不尽経験かあ。たしかに、それこそ代表で競争を煽られたみたいなのは、本人は嫌だったのかもしれませんね。自分が代表監督をやったときにそれはやらない、と。ただ、それをジーコに対してやってきた監督には、監督なりの理屈があったはずで…」

六「結果を見れば、そうなんだろうな。でも、結構良い選手がいたじゃない、あの時代は。抑圧されていたトルシエ時代からバッと花開くんじゃないかと期待もさせたんだよね。初戦のジャマイカ戦なんて、小野伸二がすごくダンスをしちゃったみたいな試合で」

川「僕は逆に、ジャマイカ戦で不安になりましたけどね（笑）。良い選手が揃っていたのは同意しますが」

六「本人も、自分の適性をわかっていたとは思うんだ。前は『監督をやるつもりはない』と言っていたからね」

「オシムには見抜く〝目〟があったんだ。だから本当に残念だったよ」（六川）

六川　「そして、オシムです」

六　「『監督』が来たと思ったよ。前任のジーコは正直な人で、隠し事をしない。わかり切っていることを説明しようとするし、自分の懐のなさまで正直に見せてしまう人だった」

川　「スタメン前日発表とか」

六　「そうそう。でもオシムさんは『サッカーとはなんぞや』みたいな話から始まった。ある意味、オフトと出会ったとき以上の衝撃があった。いよいよオフト以来の『監督』が来たなと思った。でも練習は最初、何をやっているかわからなかった（笑）。カメラマンは下からアップで見ているからね。でも、実は選手もまったくわかっていなかったんだ。どういう約束事で、どう動くべき練習なのか、そして一体、何の意味があるのかとかね。だから、選手もみんなジェフ（千葉）の選手に最初は聞いていたからね。でも、どう動いていいかわからないということ自体を、オシムは見ていたと思うけど」

川　「それをすぐに察する選手との色分けもできるということですね」

六　「あと、オシムについてびっくりしたのは、いきなり戦術練習に入ってしまうこと。代表は時間がないんだから、コンディショニングは各自が勝手にやってこい、みたいな」

川「ある意味、ジーコ以上の『自主性』を求める監督でしたよね」

六「オシムのときは、練習が公開だったから本当に面白かったよね。前日練習も公開で。アジアカップのときにNHKの解説で来ていた山本昌邦さんが試合前日の練習を見に来ていたんだ。紅白戦をやっていたから、山本さんは『これで明日のスタメンがわかるね』と言うわけ。でも違うんだよ（笑）。『全部ミックスでやってますから、明日のスタメン発表にならないとわからないですよ』と教えてあげたんだ。練習は全部公開されているんだけれど、明日どうなるかはさっぱりわからない。その潔さといったらなかったね。取材する側も自然と燃えるよね」

川「紅白戦で誰が良かったとオシムは思うのか。その基準はどこにあるのか。いろいろ考えることは多そうです」

六「そんなオシムさんは、何よりも遠藤保仁という選手をね…」

川「変えました」

六「そう。あれだけ手を抜いていたやつが、もうね…。僕は遠藤の実家へ取材しに行ったことがあって、お父さんとか当時の松澤隆司総監督（鹿児島実業高校）、少年団のコーチとかにも話を聞いたんだ。遠藤は何が上手いかというと、指導者の方がみんなして口を揃えるのは『手を抜くのが一番上手い』と（笑）。だから、松澤先生も『絶対にキャプテンにはしない』と言っていた。一番ポテンシャルがあるのに、とね。それがいつの間にか、プレースタイルになっちゃった選手なんだよね」

川「それは良さでもありましたが」

六「うん。オシムはそこを見抜く目があったんだろうな。手を抜く上手さを持った選手に、走る面白さを植えつけたということだよね」

川「メリハリを教えたんですよね。すごく幸福な出会いに見えました」

六「遠藤は、黄金世代の控え組というか、二番手組という感じだったけれど、この出会いによって日本代表の中軸へと変わっていくんだ。日本サッカーにとっても大きかったよ」

川 「そういう意味では、ジーコが頑なに呼ばなかった田中マルクス闘莉王を呼んで『代表選手』にしていったのも、オシムさんの功績ですよね」

六 「闘莉王は酒も好きらしいから、そういうオフ・ザ・ピッチの部分をジーコは問題視していたんじゃないかと思う。でも、オシムは彼の中に違う面を見ていたんだろうな。後から通訳の方に聞いたことがあるんだけれど、オシムは中澤佑二と闘莉王がチームの柱になると決めていたそうだからね」

川 「ただ、そうしたチーム作りの途上で病に倒れることに…」

六 「だからさ。本当に残念だったよ」

六 「で、また岡田さんが呼ばれるわけだ。当時は『よく岡田さんも受けるな』と思ったけれど。1度ならず2度も、途中交代での監督だからね」

川 「岡田さんの就任については、どう見ていましたか?」

六 「やっぱり岡田さんの原点は、フランスW杯とその予選だと思うんだ。マイナスの状況から日本代表監督を受けてあそこまでチームを持っていった。でも、結局、本大会で何もできなかったわけだ。さらには、その挙句にいろいろと誹謗中傷を受けてね。その感覚がトラウマとして

「〝最初の岡田ジャパン〟は再評価されるべき。初出場国の戦いぶりではおよそなかった」（川端）

闘莉王（左）を厳しく叱責するオシム監督。P146で紹介したエピソードの、まさにその場面である

あったんだと思う。川淵三郎さんはそこを少しくすぐって監督を頼んだと思うんだ。そして10年のW杯では、98年の監督と同じとは思えないくらいの戦いぶりを見せた」

川　「そこはダウトですよ、僕は。六さんに限らず、みんなフランスは『何もなかった。失敗だった』という結論ですよね。世間の多くもそう思っている。でも、98年のフランスW杯を僕は雑誌の企画で3試合振り返ることがあって改めて観たんですけれど、『めっちゃ強いじゃん、日本』と思いました（笑）。正直、すごく戦うための準備をして、しっかりしたサッカーをしているなとも思いました。でもこれって、当時の自分の感覚とは違うんですよね。僕も含めた日本のサッカー好きはみんなそうだと思うんですけど、やっぱりフランスW杯は初めてのW杯で、みんな舞い上がっていたんじゃないかな、と」

六　「だって、城（彰二）が帰国時の空港で水をかけられるわけだからね」

川　「冷静じゃなかった。アルゼンチンもクロアチアも本当に凄まじいメンバーを揃えていた。でも日本はかなりやれているんです。中田、名波浩、山口素弘のあのトライアングルの完成度はアルゼンチンのシメオネ、アルメイダ、オルテガに負けていない。見返しながら『いやあ、これは良いチームだなあ』と（笑）。秋田豊の奮戦際立つDF陣も戦えていて、ギリギリでの1失点だけですよ。ワンミスの1失点。それはクロアチア戦も」

六　「実際、クロアチア戦は僕も勝てた試合だったと思う。だって、相手はバテてたもんね」

川　「で、それが『勝てたのに』という発想につながって、岡田さん批判に至るんですけれど、もっと冷静に観ていられれば、あそこまで準備してあれだけのチームにぶつけられた岡田さんの非凡さは、間違いなく感じられる大会だったはずなんです。初々しい日本サッカー界は、あの大会のチームを正しく評価できなかったと思います」

六　「それはね、なぜ評価できないかと言うと、ジャマイカに負けたから」

川「そう、それはあるんですよね。ジャマイカ戦は、たしかに残念な内容なんです。3試合の集大成にはならなかった。なぜなら、前の2戦で燃え尽きちゃっていたからですよね。でも、ジャマイカ戦の内容を受けて全部オール否定になってしまう空気ができ上がったけれど、改めてその前の2試合を観ると、普通に凄かったですよ。およそ初出場国の戦いぶりではない。でも、『本当に岡田ダメだったね』という結論に落ち着いちゃいました。ここで評価されなかったことが、六さんが言う『岡田さんのトラウマ』ですよね」

六「でも、それが逆に10年の南アフリカにつながっていく、と。ロシアにはつながるかな？」

川「いやいや、三番煎じはさすがにまずいんじゃないですか（笑）」

六「確かに三番煎じは不味い（笑）」

川「まあ、だから岡田さんは2度目が来た当初は、いわゆる『勝つサッカー』でやると、98年の再演になってしまうという思いもあったと思います。彼の中には多分、『良いサッカーへの憧れ』みたいなのがあって、だから大木武さんを招いたんだと思います。大木さんもあまり勝てていないけれど、『良いサッカー、面白いサッカーをする』とすごく称賛を集めている方で、言ってみれば岡田さんの対極ですよね。だからオシムさんを継いだ当初、そういう良いサッカー志向みたいなのが強かったのは間違いないと思います。でも、最後の最後で借りてきたものをバッて脱ぎ捨てて、やっぱり岡田武史がやるべきは岡田武史のサッカーだったし、岡田武史のままが一番強い。逆に98年の正当なリベンジは、こっちの方向性だったとも思います」

六「岡田さんはね。博打打ちなんだよ。それも天性の。中村俊輔を最後に外して本田圭佑に託すのもそうだけれど、ＧＫも川島永嗣に代えてるからね。博打だったと思うよ。ただ、岡田武史は90年代以降の日本サッカーを語る上でのキーパーソンだし、これからもそう。確信があるよ。また代表監督になるかはわからないけどね（笑）」

岡田監督の初W杯はまるで評価されなかったが…

「結局、ザックは何をやりたかったのか。アギーレさんは面白かったが…」（六川）

六 「監督としての実績も十分で、とても知的で人間力もしっかりしているザッケローニさんが来た。でも、彼がやりたかったサッカーって、結局は何だったんだろうね？」

川 「彼がやりたかったことと、最後にブラジルW杯でやっていたサッカーは違っていたのだと、僕は勝手に思っています。選手と折り合った結果ですよね」

六 「彼のやりたかったことを、選手が拒否したんじゃないかとは思っている。どうして、そこをマッチングできなかったのかが不思議でね…」

川 「彼は、イタリアの三大クラブ（ユベントス、ミラン、インテル）全部で指揮を執ったことのある珍しい監督ですが、これはアクが強くないからできたことなんですよね。調整型というか調和型の監督さん。会長やスターの意見を斟酌しながら、うまくやっていけるタイプだから重宝されていた。だから、日本代表でも軸となるスター選手は尊重して、うまくやろうとしていました」

六 「自分のやりたいことは封印して？」

川 「最後はそうだったと思います。彼が本当にやりたかったのは、ウディネーゼのときみたいな縦に鋭く攻める激しいスタイルだったと思うので。

皮肉なのは、代表選手がやりたがったスペインのようなスタイルはトレンドが終わり始めていて、ザックが目指したかったようなサッカーのチームが勝ち残る流れになったことですよね」

六 「その後のアギーレ監督は選手も大胆に入れ替えながら、やっぱり横につなぐサッカーから縦のスペースを意識させる練習を、特に力を入れてやっていた。当時の選手たちも、みんな彼の練習に肯定的なんだよね。実際、見ていてもすごく面白かった。俺は86年のメキシコW杯で彼の熱いプレーを実際に観ているし、2010年のときのメキシコの監督でもあったから、期待感はあったんだよね」

川 「しかし、まさかの退任でした…」

六 「その後に来ているハリルホジッチ…の話はやめておくか。結論が出なくなりそうだし」

川 「そうですね（笑）。じゃあ、今回の六さんの〝傑作選〟から言うと、鹿島のクラブW杯躍進の話を入れてきたのも印象的でした」

六 「Jクラブの到達点だと思ったよ。1993年5月15日の国立から始まってここまで来たのか、と。四半世紀を経て、日本のクラブチームが世界中のクラブが集う大会の決勝戦に出て、しかもレアル・マドリーを相手に互角の戦いを見せた。それは、日本サッカーがどれほどの豊穣を得たのかという事実の象徴だったと思う」

「Jリーグの、あの国立から始まった挑戦がここまで来たのか、と」（六川）

川「この大会で凄かったのは、レアルはクリスチアーノ・ロナウドをはじめとして世界中から選手を集めているオールスターチームじゃないですか。それに対し、鹿島はほぼ日本人という編成だった。交代でファブリシオが出て、ベンチにファン・ソッコがいただけ。ならば、レアルがスペイン人だけだったら、勝てたのではないかと（笑）」

六「それはたしかに凄いと思ったけれど、日本人ばかりだったからこそ、勝ち残れたのかなという気もする」

川「たしかに、彼らはクラブW杯というよりは、代表のW杯感覚で大会を戦えていたのかもしれません」

六「まさに、一戦ごとに強くなっていったもんね、あのときの鹿島は」

川「あの年の最後のスケジュールは、悪魔のようでしたからね。まったく休みがない中で、テンションによって乗り切ったみたいな感じがありました」

六「正直言うと、あのスケジュールを見たときはダメだなと思ったもん。本当に凄かったよ、このときの鹿島は」

川「『みんなゾーン』みたいな状態に見えましたからね（笑）」

六「西（大伍）なんて、写真を撮りながら『これが本当にあの西なの？』と思ったよ（笑）。あとはやっぱり、これまでに見たことのないような柴崎の笑顔だな。本当に忘れられないくらい印象的だった。あの最高の笑顔も国立からの延長線上にあるんだと思うと、余計に感慨深いものがあるな」

川「僕も、素直にうれしかったですよ」

六「『延長線上で、ここまで来たか』といえば、やっぱり久保建英の話にも触れておきたいんだ。この本でもすでに書いているけど、すごく久々に『眼力のあるサッカー選手』に出会えたなあという幸せであり、感慨があるんだよね。久保の何が良いかというと、目が良いんだ。あれはもう、子どもの眼じゃないよね」

川「本当に大人びてますよね。初めて久保から話を聞いたときは彼が中学3年生のときでしたが、日本のジュニアユースの選手に話を聞いている感覚ではなかったです。でも大人びていても、冷めてないんですよ。そこもすごく印象的です。日本で精神的な成長の早い子は、パッションが弱くなる傾向があると思うんですが、彼は強烈な負けず嫌いですし、そういうところを感じないです」

六「まさに時代の申し子なのかなと思うんだ。久保の凄さについて、U-20W杯を撮りながら思っていたのは、ああいう一つの傑出したものを持っている選手というのは、周りにも良いものを与えていくんだな、と。たしかに3つも4つも下の選手があれだけのプレーをしたら、誰だって『このままの自分じゃいけない』と思うよね」

川「それは間違いないです。本人は否定するかもしれませんが、例えば堂安律は、久保から受けた刺激を糧にしてグッと伸びた面はあると思いますよ。もちろん、それだけではないですけどね」

六「もともとタレント性のある選手が、ああいう場に呼ばれているのだとは思うけど、『自分は上手い』と思って、それで終わってしまうパターンもあるよね。でも、久保を見ちゃうとさ、良い意味で自分自身を挑発しながら変えていこうという気持ちになるんじゃないかな。それは合宿を観ているときから感じていたんだ。堂安はもちろん、小川航基を見ていてもすごく感じたもん」

川「それは一個下の現・U-17日本代表組にしても同じですよ。エリートの選手たちが、メチャクチャ危機感を持って取り組んでるんです。森山佳郎監督がそういう部分を煽っているのもありますけど、そういう刺激を受けているからでもあります」

六「何にせよ、久保に関してはあの眼力だな。ゴール裏から見ていて、本当に今後が楽しみになる選手なんだよ」

クラブW杯表彰式。左から柴崎、ロナウド、モドリッチ

眼光鋭い16歳、久保建英

「国立は最後にあの試合ができて、本当に幸せだったと思うんだ」(六川)

川「では、最後は国立について話しましょうか。今回の傑作選の中でも、いちばん六川さんらしい話でしたし」

六「やっぱり、みんなの中に国立競技場というのは特別な、いろいろな思いがあるからね。この本も『裏国立競技場物語』みたいなイメージで書いたから。そして、本当に国立が聖地として最も輝いてたのは、高校サッカーだろうな、と。あの日は星稜と富山第一の対戦で、決して派手なカードではなかったけど」

川「でも、特別な雰囲気でした」

六「ずっと陽が出ていて」

川「空が抜けるようで、国立らしい空気感がありましたね」

六「あったあった。あそこにいた人たちは、絶対に幸せを感じたと思う」

川「やっぱり、あのスタジアムは良くできているんですよ。陸上トラックがあるのに、どこから見ても見やすいし」

六「カメラマン的にも最高なんだ。影が出ないからな。国立にとっても、あのゲームは『最後にこれなら、壊されても文句は言えない』みたいな試合。高校サッカーの持っている力が、ひょっとしたら日本サッカーの背骨を支えているのかもしれないと、再度、実感できた」

川「高校サッカーの幸せですよね。六さんの原稿にもありますけど、この試合はスター選手がいないし、世代のトップ選手はほとんどが別のところにいるんだけど、でも逆にいまの時代だからこそのプリミティブな魅力が出てきているんだと思います」

六「そしてそんな時代でも、ここからプロでやれるのが出てくるんだよな。そこもやっぱり凄いと思うよ。世界に例がないし、世界遺産だよ」

川「中学時代は『普通』と思われていたやつが、国立に夢を見て頑張っていたら、『実はお前、才能あったよ』ということになるのは、実際にあります」

六「そこは不思議でもあるよね。プロの予備軍であるJユースに若くしてスカウトされて入ったからといって、スカウトが評価した通りの選手になるかといったら、必ずしもそうではないしね」

川「そこはサッカーの、というか人間の面白いところでもあります。奥深さですね」

六「この本は『国立ができてから、国立がなくなるまで』を書いたものだから、最後の国立でこの試合を撮れて本当に良かったし、ゴール裏にいられて幸せだなと思えたんだ。最後に、『国立の幸せ』は強調しておきたいね。それに代わるものが、これからできてほしい——。これが、この本の締め」

Boa Sorte──日本サッカーに幸あれ！

この本をここまで読んでいただいた方々、ありがとうございました。手前味噌ですが、この本を通して、自分のサッカー人生と照らし合わせたり、あるいは、これからのサッカーとの関わりに思いを馳せたりと、そんな気持ちを読者と共有できたら、こんなにうれしいことはありません。

この本の制作に携わっていただいた皆様、あえて名前は列記しませんが、人生最高のわがままと贅沢を、体験することができました。サッカーと、サッカーを愛する人々との出会いに、改めて感謝します。

六川 則夫

Photo: Manabu TAKAHASHI

著者プロフィール

六川 則夫　Norio ROKUKAWA

1951年生まれ。東京都板橋区出身。早稲田大学文学部を卒業後、映像の世界に身を投じたが、「サッカーダイジェスト」(日本スポーツ企画出版社)との出会いによってムービーカメラをスチールカメラに持ち替え、サッカーカメラマンとしてのキャリアをスタート。国内外の様々なカテゴリーを撮影し、ワールドカップは1982年スペイン大会から、2014年ブラジル大会までの全大会を現地取材。日本代表の主要大会にも多く同行し、決定的瞬間を捉えるとともに、その成長ぶりを見守り続けている。「観る・撮る」だけでなく「蹴る」のも大好きで、いまだ4チームをかけもちする"現役プレーヤー"。入れ込みすぎてアキレス腱を断裂したことも…。

日本代表を撮り続けてきた男
サッカーカメラマン 六川則夫

2017年9月4日　初版第1刷発行

著者　六川 則夫
表紙写真　高橋 学
発行人　山田 泰
発行所　株式会社スクワッド
〒150-0011 東京都渋谷区東1丁目26-20東京建物東渋谷ビル別棟
お問い合わせ　0120 67 4946
印刷　株式会社シナノパブリッシングプレス

ISBN 978-4-908324-20-8

蒼空の一点を
凝っとみつめていると
蒼空は夜空になってしまう。

蒼空の一点を
凝っとみつめていると
蒼空は少年らの霊に満ちた闇になってしまう。

現代詩文庫　216

思潮社